Annika Wisser

Soziale Arbeit mit Geflüchteten
-

Die Aufgabenstellung der Sozialen Arbeit mit Geflüchteten in den Bereichen Politik, Ökonomie, Recht und Soziales in Deutschland

Bibliografische Information der Deutschen Nationalbibliothek:
Die Deutsche Nationalbibliothek verzeichnet diese Publikation in der Deutschen Nationalbibliografie; detaillierte bibliografische Daten sind im Internet über http://dnb.dnb.de abrufbar.

1. Auflage, September 2016
© 2016 Annika Wisser

Covergestaltung: Fouad Osama

Herstellung und Verlag: BoD – Books on Demand, Norderstedt

ISBN: 978-3-7412-8563-9

Inhaltsverzeichnis

1. Einleitung

Weltweit gibt es seit Beginn der Menschheit Migrationsströme – Menschen, die sich gezwungen sehen, aus prekären Situationen zu fliehen, um in der Hoffnung auf ein besseres Leben in einem fremden Land MigrantInnen zu werden. Auch in Deutschland kommen Geflüchtete[1] an, die Zuflucht in besseren Umständen suchen. Aber welche Menschen sind denn überhaupt Geflüchtete (Kapitel 2)? Wie sieht die Lage der Geflüchteten in politischer, ökonomischer, rechtlicher und sozialer Hinsicht aus (Kapitel 3)? Die Kategorien Politik, Ökonomie, Recht und Soziales wurden transnationalen Prozessen entlehnt. Das Konzept der Transnationalität schaut nicht auf nationalstaatliche Grenzen, sondern auf die Bewegungen von Personen-, sowie Produktions- und Arbeitsströmen, die sich über Grenzen hinwegsetzen (vgl. Castles & Miller 2009, S. 44f). Grenzen haben im nationalstaatlichen System folgende Funktionen:

„Sie gelten als Schutzeinrichtungen, gleichzeitig wird an ihnen Macht und Gewalt ausgeübt, zum Teil personale Gewalt gegenüber Personen, die irregulär die Grenze passieren wollen, und strukturelle Gewalt über die Konstruktion der Grenze als Grenze an sich" (Schwenken 2006, S. 50).

---

[1]   Da dieses Buch 2016 erschienen ist, wird der Begriff 'Geflüchteter', anstatt 'Flüchtling' benutzt, da dies dem aktuellen Diskurs entspricht.

Grenzverläufe lassen auf Macht- und Gewaltverhältnisse schließen. Für Foucault ist die Souveränität des Staates und die Ausformulierung von Gesetzen die Endform von Macht (vgl. Foucault 1985, S. 113). Dieses Machtverhältnis wirkt sich unmittelbar auf die Geflüchtetenthematik aus.

Die Profession der Sozialen Arbeit stellt eine Schnittstelle zwischen der Lebenswelt von MigrantInnen und Geflüchteten und der staatlichen Politik dar. Die Soziale Arbeit als Menschenrechtsprofession soll nach dem handlungswissenschaftlichen Ansatz von Silvia Staub-Bernasconi (2007) an Problemen ansetzen, die „Individuen im Zusammenhang mit sozialen Interaktionsprozessen sowie als Mitglieder von sozialen Systemen mit ihrer Sozialstruktur und Kultur" (Staub-Bernasconi 2007, S. 271f) betreffen. Probleme dieser Art können vielfältiger Natur sein und haben meist in den Folgen ungleicher Machtverhältnisse ihre Ursache. Die Minimalethik auf Basis der Allgemeinen Erklärung der Menschenrechte soll die Soziale Arbeit befähigen, Ungleichheiten zu benennen und die Entwicklung sozialer Gerechtigkeit zu fördern (vgl. ebd. 2012, S. 278). Dieser Auftrag wird in Kapitel 4 als handlungstheoretische Aufgabenstellung der Sozialen Arbeit auf die Arbeit mit Geflüchteten angewendet, findet sich aber auch im gesamten Aufbau dieser Arbeit wieder:

es wird eine umfassende Situationsanalyse angestellt (Kapitel 2, 3), Kritikpunkte aufgrund von Ungleichheitsverhältnissen abgeleitet (Kapitel 4.1) und sozialpädagogische Handlungskonzepte in Bezug auf die Arbeit mit Geflüchteten vorgeschlagen (Kapitel 4.2).

Den folgenden Ausführungen liegt ein Migrationsbegriff zugrunde, der Migration als natürliche Folge von Flucht auffasst, wobei der transnationale im Gegensatz zum geflüchtetenpolitischen Ansatz von freiwilliger anstatt erzwungener Flucht ausgeht. Die Arbeit orientiert sich an den nationalstaatlichen Grenzen der Bundesrepublik Deutschlands und dem damit einhergehenden Machtverhältnis. Viele Sozialtheoretiker argumentieren, dass Zuwanderung im Allgemeinen und das damit verbundene Konzept des Transnationalismus im Besonderen den Nationalstaat in seinen Grundsätzen herausfordert und ihn untergräbt (vgl. z.B. Sassen 2000, S. 173ff). Diese Spannung wird in der Bachelorarbeit ausgehalten und kann aufgrund der vorgegebenen Kürze nicht näher behandelt werden.

2. Definitionen

Um einen Überblick über den Geflüchtetendiskurs zu erlangen, ist es unumgänglich, sich den komplexen

Begriffen der Geflüchtetenthematik zu widmen. Es gilt hier zunächst, eine überschauende Perspektive innerhalb der vielschichtigen Diskurslandschaft einzunehmen, um darauffolgende Ausführungen in den Diskurs einordnen zu können.

Das produzierte Wissen und damit auch die Termini und Definitionen, auf die repräsentativ-statistisch zurückgegriffen wird, folgen in der vorliegenden Literatur hauptsächlich zwei Diskursen. Der erste Diskursstrang entlehnt sich politischer Strategien, die primär darauf aus-gerichtet sind, Migration zu illegalisieren und zu bekämpfen. In diesem Diskurs wird hauptsächlich sozialpolitisch argumentiert, da illegale Migration „vor allem als Prekarisierung der Arbeitsverhältnisse durch Verdrängung von Normalarbeitsverhältnissen konzeptualisiert wird" (Karakayali 2008, S. 215). Der zweite Diskurs reproduziert das Thema Migration primär mit dem Ziel, irreguläre MigrantInnen als Geflüchtete zu legitimieren. Akteure in diesem Asyldiskurs sind vor allem geflüchtetenpolitische und menschenrechtsaktivistische Organisationen mit humanitärem Bezugssystem, das auf der Allgemeinen Erklärung der Menschenrechte basiert. Die wiedergegebenen Diskurse bilden nicht die Realität ab, sondern nehmen den epistemologischen Platz der Realität selbst ein (vgl. ebd., S. 38). Zahlen und Fakten werden meist den jeweiligen Positionen entgegenkommend dargestellt und interpretiert. Es ist schwierig, bei der sich kontinuierlich ändernden Rechts- und Sachlage den Überblick zu bewahren. Dennoch wird hier ein solcher Versuch gewagt, um Aufgabenstellungen der Sozialen Arbeit ganzheitlich zu konkludieren.

2.1 MigrantInnen

„Migration als Sozialprozesse sind, von Flucht- und Zuwanderungsbewegungen abgesehen, Antworten auf mehr oder minder komplexe ökonomische und ökologische, soziale und kulturelle Existenz- und Rahmenbedingungen" (Bade 2000, S. 11).

Migration ist ein soziologisches Phänomen, das mit staatlicher Kontrolle, wissenschaftlicher Erfassung und politischer Bearbeitung eng verknüpft ist. Das nicht leicht fassbare 'Gespenst' der Migration wirkt bedrohlich auf Staatssysteme, da es die jeweils existierenden Formen der sozialen und politischen Ordnung durch eine Verschiebung ihrer bevölkerungspolitischen Grundlagen durcheinanderbringt. Migrationsbewegungen haben viele Formen: Menschen migrieren als ArbeiterInnen, hochqualifizierte SpezialistInnen, UnternehmerInnen oder als Familienmitglieder von bereits Emigrierten. Aber auch Geflüchtete, Illegalisierte und Menschen, die dem Menschenhandel zum Opfer gefallen sind, gehören zu der Gruppe der MigrantInnen (vgl. Karayali 2008, S.11-14).

Die Vielfalt der Migrationsformen wirft eine Reihe von Fragen auf: Wann ist ein Mensch ein Geflüchteter, wann ist oder wird er ein Mensch mit Migrationshintergrund?

Politisch indiziert die Betitlung der MigrantInnen ihren Status:

„Vom Fremd- und Gastarbeiter, über den Ausländer und Asylanten, bis hin zum erst kürzlich in die Arena getretenen Migranten – all diese Namen reflektieren auch die Gestalt der Machtbeziehungen zwischen den auf diese Weise sich immer wieder neu gründenden Größen namens 'Mehrheitsgesellschaft' und MigrantInnen" (ebd., S. 12).

Laut Destatis lebten im Jahr 2013 ca. 16,5 Mio. Menschen mit Migrationshintergrund in Deutschland [siehe Mikrozensus, Stand: 31.12.2013]. Dies entspricht einem Bevölkerungsanteil von 20,5 % (vgl. Destatis 2014, S.1). Ein Mensch mit Migrationshintergrund ist per Definition des Statistischen Bundesamtes eine Person, die nach 1950 nach Deutschland eingewandert ist, deren Elternteil im Ausland geboren oder der eingebürgert wurde, jedoch ausländischer Herkunft ist. Von den MigrantInnen besitzen 9,7 Mio. Menschen einen deutschen Pass, während ca. 6,8 Mio. Menschen einen anderen Aufenthaltsstatus haben (vgl. ebd.).

MigrantInnen werden aufgrund ihres Aufenthaltsstatus, aber auch je nach Klassenzugehörigkeit, unterschiedlich behandelt: beliebte Zielländer werben im Wettstreit gegeneinander um die besten

Fachspezialist*innen, welche wiederum mit Privilegien für Regeln und Bleiberecht ausgestattet werden, während einfache Arbeiter*innen und Geflüchtete den staatlichen Umgang mit ihnen als diskriminierend und exkludierend erleben (vgl. Castles & Miller 2009, S. 4).

Ein genereller Trend, der eng mit Migration verwoben ist, ist das Konzept der Globalisierung, das von erhöhter Mobilität von Arbeitnehmer*innen und Unternehmer*innen ausgeht. In den Jahren 2005 bis 2010 gab es nach der United Nations Population Division (UNPD) nach Abzug der emigrierten Menschen weltweit gezählte 9287,839,000 Migrant*innen, wobei geographisch zwischen Aus-, Ein- und Binnenwanderung unterschieden wird (vgl. UNPD 2012, S.1; Bade 2000, S. 12). Aktuelle Trends sind die zunehmende Illegalisierung von Migration und ihre Feminisierung. Hier setzen viele pro-migrant Organisationen an (vgl. Schwenken 2006, S. 120):

> „Die Grenzen zwischen legaler und irregulärer, freiwilliger und erzwungener, formeller und informeller Migration überlappen sich zunehmend oder werden von denselben Migrant*innen hintereinander durchlaufen" (ebd., S. 84).

2.2 Geflüchtete

Es ist schwierig die zugeschriebenen Identitäten von Migrant*innen und Geflüchteten zu differenzieren: „In gewisser Weise ist beinahe jeder Migrant zugleich auch Geflüchteter, da er aus weniger glücklichen Verhältnissen in vermeintlich bessere flüchtet" (Tremmel 1992, S. 67). Diese sehr weit gefasste Definition eines Geflüchteten ist rechtlich nicht haltbar. Dem Verständnis des 'Geflüchteter' im Sinne der Bundesrepublik Deutschland wird sich im Folgenden angenähert.

Ein Geflüchteter ist nach der Genfer Flüchtlingskonvention jede Person, die

„[…] aus der begründeten Furcht vor Verfolgung wegen ihrer Rasse, Religion, Nationalität, Zugehörigkeit zu einer bestimmten sozialen Gruppe oder wegen ihrer politischen Überzeugung sich außerhalb des Landes befindet, dessen Staatsangehörigkeit sie besitzt, und den Schutz dieses Landes nicht in Anspruch nehmen kann oder wegen dieser Befürchtungen nicht in Anspruch nehmen will; oder die sich als staatenlose (sic!) infolge solcher Ereignisse außerhalb des Landes befindet, in welchem sie ihren gewöhnlichen Aufenthalt hatte, und nicht dorthin zurückkehren kann oder wegen der erwähnten Befürchtungen nicht dorthin zurückkehren will" (UNHCR 1967, S. 2).

Die Erklärung der Genfer Flüchtlingskonvention ist ein Abkommen zur Rechtsstellung der Geflüchteten des UNHCR (United Nations High Commissioner for Refugees). Es garantiert menschenrechtliche Mindeststandards, die von allen Mitgliedsstaaten der Vereinten Nationen akzeptiert werden müssen. Die Genfer Flüchtlingskonvention fußt auf der Allgemeinen Erklärung der Menschenrechte, insbesondere Art. 14:

„Jeder hat das Recht, in anderen Ländern vor Verfolgung Asyl zu suchen und zu genießen" (Vereinte Nationen 1948, S. 3), der im Grundgesetz der Bundesrepublik Deutschland in Art. 16 von 1949 bestätigt wird. Die Festlegung des Art. 16 GG ist ein struktureller Höhepunkt der Asylrechtsentwicklung nach dem 2. Weltkrieg, insofern selbiges für politisch verfolgte Menschen in Deutschland einklagbar wurde (vgl. Tremmel 1993, S. 60f). Auch die EU bezieht sich in ihrer Grundrechtscharta von 2000 explizit auf die menschenrechtliche Auffassung des Geflüchtetenbegriffs (vgl. EU 2000, S.12, Art. 18).

Das Asylverfahrensgesetz der Bundesrepublik Deutschland hat die Empfehlung der Genfer Flüchtlingskonvention übernommen und definiert einen Geflüchteten nach § 3 des Asylverfahrensgesetzes (AsylVfG)[2,3] als einen Menschen, der „aus begründeter Furcht vor Verfolgung wegen seiner Rasse, Religion,

---

[2] Die Fußnoten werden in dieser Arbeit genutzt, um auf weiterführende Literatur oder Zusatzinformationen hinzuweisen, insofern sie nicht im Fließtext verwendet wurden und auch nicht im Literaturverzeichnis gelistet sind. Des weiteren haben sie die Funktion die Verkündigungsstände von Gesetzestexten wiederzugeben.

[3] Ausfertigungsdatum des Asylverfahrensgesetzes: 26.06.1992 in der Fassung der Bekanntmachung vom 2. September 2008 (BGBl. I S. 1798), das zuletzt durch Artikel 2 des Gesetzes vom 23. Dezember 2014 (BGBl. I S. 2439) geändert worden ist. Der letzte Verkündigungsstand wird im weiteren Verlauf bei Angabe des Gesetzes nicht mehr angegeben.

Nationalität, politischen Überzeugung oder Zugehörigkeit zu einer bestimmten sozialen Gruppe" (§ 3 Abs. 1 Satz 1 AsylVfG) auf der Flucht ist. Der Tatbestand der Verfolgung erfüllt sich, wenn schwerwiegende Verletzungen der grundlegenden Menschenrechte festgestellt werden - darunter fallen u.a. die Anwendung physischer, psychischer oder sexueller Gewalt, sowie gesetzliche, administrative, polizeiliche oder justizielle Maßnahmen, die diskriminieren. Gültige Verfolgungsgründe umfassen also rassistische, ethnische, religiöse und nationale Motive, sowie politische Überzeugungen und die Zugehörigkeit zu bestimmten sozialen Gruppen. Verfolgung muss vom Staat oder herrschenden nicht-staatlichen Akteuren ausgehen. Sie sollte individuell sein und über das Maß der üblichen repressiven Mittel der Machthaber hinausgehen, andernfalls seien die Menschen nicht politisch verfolgt (vgl. Tremmel 1993, S. 104; § 3 AsylVfG).

2.2.1 Ursachen und Motive zur Flucht

Ursachen und Motive, die zur Flucht motivieren, werden 'Push-Faktoren' genannt. Unter ihnen versteht man u.a. (Bürger-)Kriege, religiöse, ethnische und politische Verfolgung, frauenspezifische Verfolgung, umwelt- und wirtschaftsbedingte Flucht oder die Zunahme des Wirtschafts- und Wohlstandsgefälles. Flucht kann hier als Widerstand gegen herrschende Formen der Ausbeutung, Verfolgung und Unterwerfung von Personen verstanden werden (vgl. Bade 2000, S. 12).

In einer länderübergreifenden Studie unter 181 Nationalstaaten, die AsylbewerberInnen aufnehmen, untersuchten Thomas Holzer und Gerald Schneider die Zusammensetzung von AsylbewerberInnen unter der Fragestellung, ob die „Flucht generell eine Reaktion auf konkrete politische Umstände (…) [sei] oder ob eine unglückliche gesellschaftliche Zusammensetzung eines Staates zu einer präventiven Abwanderung führen [könne]" (Holzer & Schneider 2002, S. 119). In Deutschland und der Schweiz wurden im Erhebungszeitraum von 1990 bis 1995 Asylgesuche auf Indikatoren wie Menschenrechtsverletzungen, das Auftreten von militärischen Konflikten, die Anzahl von Todesopfern sowie ethnische Fraktionalisierungen und Armut im Herkunftsland geprüft. Bei den politischen Fluchtdeterminanten zeigt sich ein signifikanter Zusammenhang zwischen Menschenrechtsverletzungen und Flucht aus dem Herkunftsland: „Verfolgungen und Unterdrückungen sind somit nachweisbar wichtige Faktoren und der rechtspopulistische Vorwurf,

Asylgesuche seien zunehmend ökonomisch motiviert, entbehrt der statistischen Grundlage" (Holzer & Schneider 2002, S. 131).

Wenn sich die Menschenrechtslage in einem Land eklatant verändert, kann man von einer Zunahme von Asylgesuchen ausgehen. Ein Zusammenhang zwischen Krieg und steigenden Asylbewerberzahlen ließ sich, abgesehen vom Fall des Kosovokrieges, nicht nachweisen, da die meisten Kriege und Konflikte innerhalb dieses Zeitraums in der sogenannten 'Dritten Welt' stattfanden. Anders muss die Lage aktuell aufgrund des Syrienkrieges bewertet werden (vgl. BAMF 2014, S. 32). Ein weiteres Ergebnis besagt, dass die Wahl des Zielstaates maßgeblich von sozialen Faktoren abhängt: das bereits vorhandene soziale Netzwerk im Zielland spielt eine große Rolle bei der Wahl des neuen Aufenthaltsortes (vgl. Holzer & Schneider 2002, S. 127-134). Es verbindet MigrantInnen und bietet eine Plattform für kulturellen, ökonomischen, politischen und sozialen Austausch (vgl. Samers 2010, S. 85f). Das Ergebnis der Studie ist außerdem, dass AsylbewerberInnen aus umliegenden Ländern dominieren. Je wirtschaftlich schwächer der Staat, desto geringer ist die Chance, in den reichen, europäischen Norden zu gelangen, und desto geringer fällt die Anzahl der Gesuche aus. Hier bestätigen sich die Beobachtungen von ProAsyl und

Amnesty International, die bei Fluchtbewegungen überwiegend von Binnenmigration bzw. Abwanderungsbewegungen in meist wirtschaftlich gleichgestellte Nachbarländer berichten: Die Flucht nach Europa ist demnach eher der Mittel- bzw. Oberschicht vorbehalten (vgl. ProAsyl 2014, S. 1).

Die Kategorisierung von Geflüchteten unterliegt diversen Variablen, so dass sich verschiedene Möglichkeiten ergeben, um den Status eines Geflüchteten zu benennen. In der Bundesrepublik Deutschland werden differente Begriffe unterschieden, die im Folgenden jeweils näher betrachtet werden sollen: Asylsuchende, Asyl-berechtigte, subsidiär Schutzberechtigte, De-Facto Geflüchtete und Kontingentflüchtlinge. Außerdem wird die Kategorie der illegalen MigrantInnen mitberücksichtigt, da sie im weiten Sinne der Definition auch derjenigen der Geflüchteten zugehört.

2.2.2 AsylbewerberIn / Asylberechtigte/r

Ein/e AsylbewerberIn ist im juristischen Sinn eine Person, die einen Gesuch um politisches Asyl gestellt hat und deren Asylbewerberverfahren noch nicht abgeschlossen ist (vgl. Holzer & Schneider 2002, S. 24).

Das Asyl wird auf nationaler Ebene geregelt. Die wichtigste Rechtsgrundlage ist in der Bundesrepublik Deutschland das Grundgesetz, wovon das Zuwanderungsgesetz, das Asylbewerberleistungsgesetz, das Asylverfahrensgesetz und das Aufenthaltsgesetz abgeleitet wurden. Im Folgenden werden einzelne Gesetze nur im Kontext beleuchtet – die Gesetze können, den Rahmen dieser Arbeit betrachtend, nicht in ihrer Gesamtheit und Komplexität bearbeitet werden[4]. Ein/e Asylberechtigte/r ist eine Person, die nach Art. 16a GG[5] politisch verfolgt wird. Das Grundgesetz gewährt politisch Verfolgten per se das Recht, Asyl zu genießen. Verwaltungsbehörden können demzufolge nur über die Geflüchteteneigenschaft des jeweiligen Menschen bestimmen. Im Jahr 2014 wurden in Deutschland 202.834 Asylanträge gestellt, von denen 173.072 Erstanträge waren. Im Zeitraum Januar bis Mai 2015 waren es bereits 125.972 Erstanträge. Die Mehrheit der Anträge stammten im Jahr 2014 von MigrantInnen aus

---

[4] Ein weiterführender ausführlicher Kommentar zur aktuellen Rechtslage: Hailbronner, Kay (2014): Asyl- und Ausländerrecht. Studienreihe Rechtswissenschaften. 3. Aufl. Stuttgart: W. Kohlhammer GmbH.

[5] Grundgesetz für die Bundesrepublik Deutschland in der im Bundesgesetzblatt Teil III, Gliederungsnummer 100-1, veröffentlichten bereinigten Fassung, das zuletzt durch Artikel 1 des Gesetzes vom 23. Dezember 2014 (BGBl. I S. 2438) geändert worden ist. Der letzte Verkündigungsstand wird im weiteren Verlauf bei Angabe des Gesetzes nicht mehr angegeben.

dem Kosovo, aus Syrien und Albanien (vgl. BAMF 2015, S. 3f).

Der Ablauf eines deutschen Asylverfahrens ist gekennzeichnet durch drei Phasen: die Registrierung in der Aufnahmeeinrichtung, die mit einer erkennungsdienstlichen Behandlung (Abfrage der Zuständigkeit des Staates) und Belehrung einhergeht, die Erstanhörung im Bundesamt, die über den Verlauf des weiteren Verfahrens bestimmt und die anschließende Entscheidung des Antrages von einem/r EinzelentscheiderIn des Amtes (vgl. Finotelli 2007, S. 62f; § 12-33 AsylVfG). Während die Asylsuchenden auf ihre Anhörung oder die Bearbeitung ihres Falles warten, wohnen sie in Erstaufnahmeunterkünften des BAMF. Nach Ablauf von meist ca. drei Monaten werden die Asylsuchenden von der Erstaufnahmeeinrichtung in weitere Unterkünfte gemäß des Königsteiner Schlüssels auf die Bundesländer verteilt (Berechnung nach Steueraufkommen (2/3) und Einwohnerzahl (1/3)). Die jeweiligen Kommunen sind dann für die Dauer des Verfahrens für die Stellung der (Sammel-) Unterkunft und der Versorgung nach dem Asylbewerberleistungsgesetz (AsylbLG) verantwortlich (vgl. Fritz & Groner 2004, S. 8f; BAMF 2014, S. 5f).

Insgesamt wurden im Jahr 2015 von Januar bis Mai 93.816 Entscheidungen über Asylanträge getroffen – die Gesamtschutzquote lag bei 34,7% (32.590 positive Entscheidungen). Davon sind 33,4% Personen, denen ihre Eigenschaft als Geflüchteter nach § 3 Abs. 1 AsylVfG und dem Art. 16a GG zuerkannt wurde. Sie erhalten den Status 'Asylberechtigte/r' und damit Zugang zu integrativen Maßnahmen. 1,4 % der Antragssteller erhielten subsidiären Schutz. 65,2% der Anträge wurden entweder aufgrund formeller Entscheidungen (z.B. Ablehnung des Antrags auf Durchführung eines weiteren Asylverfahrens oder Einstellung des Verfahrens wegen Antragsrücknahme durch den Asylbewerber) oder als unbegründet abgelehnt. Die Gründe für eine Ablehnung werden in § 30 Abs. 1-7 AsylVfG festgelegt. Hauptsächlich sind dies nicht erfüllte Voraussetzungen des Antragsstellers, die Einreise aus wirtschaftlichen Gründen, kriegerische Auseinandersetzungen, die jedoch keine politische Verfolgung darstellen, verfälschte Beweismittel oder Falschangaben von Personalien. Die allgemeine Frist zur Ausreise beträgt meist einen Monat ab Zeitpunkt des schriftlichen Bescheids (vgl. BAMF 2015, S. 9). Der Antragssteller hat die Möglichkeit gegen die Ablehnung beim Vewaltungsgericht zu klagen (vgl. Schmidt 2014, S. 188). Dies führt u.U. zu einem Asylfolgeantrag.

Ein/e Asylberechtigte/r erhält eine befristete Aufenthaltserlaubnis. Diese kann nach einem min. dreijährigen Aufenthalt in Deutschland, in dem gute Deutschkenntnisse, das Bestehen des Integrationstests, Arbeit und Wohnraum vorgewiesen werden kann, zu einer unbefristeten Niederlassungserlaubnis führen, wenn die Gründe für die Anerkennung des Verfahrens noch aktuell sind. Dies wird im Rahmen eines Widerrufsverfahren vom Bundesamt geprüft (vgl. Schimany 2014, S. 41; BAMF 2014, S. 21).

2.2.3 Subsidiärer Schutz / De-Facto Geflüchtete

Subsidiärer Schutz kann nach § 4 AsylVfG und § 60 Abs. 5 oder 7 des Aufenthaltsgestzes (AufenthG)[6] gewährt werden, wenn einem/r MigrantIn keine internationalen Geflüchteteneigenschaften gemäß der Genfer Flüchtlingskonvention anerkannt wurden, diese/r aber nachweisen kann, dass ihm/ihr in seinem Herkunftsland ernsthafter Schaden droht. Ernsthafter Schaden wird definiert mit Drohung der Todesstrafe, Folter oder der „individuelle[n] Bedrohung des Lebens

---

[6] Ausfertigungsdatum des Aufenthaltsgesetzes: 30.07.2004 in der Fassung der Bekanntmachung vom 25. Februar 2008 (BGBl. I S. 162), das zuletzt durch Artikel 1 des Gesetzes vom 23. Dezember 2014 (BGBl. I S. 2439) geändert worden ist. Der letzte Verkündigungsstand wird im weiteren Verlauf bei Angabe des Gesetzes nicht mehr angegeben.

oder der Unversehrtheit der Zivilperson infolge willkürlicher Gewalt im Rahmen eines internationalen oder innerstaatlichen bewaffneten Konflikts" (§ 4 Abs. 1 Satz 3 AsylVfG).

Dieser Rechtsstatus geht einher mit verschiedenen Anti-Folterkonventionen[7]. Wenn „bei Rückkehr in den Zielstaat eine erhebliche individuelle Gefahr oder extreme allgemeine Gefahr droht" (§ 60 Abs. 7 AufenthG), ist eine Abschiebung nicht zulässig (vgl. § 60 Abs. 5 AufenthG). Der/die damit Asylberechtigte/r erhält eine befristete Aufenthaltserlaubnis für ein Jahr, die von der Ausländerbehörde um zwei weitere Jahre verlängert werden kann (vgl. BAMF 2014, S. 21).

Die Verwendung des Begriffs 'De-Facto Geflüchteter' wird uneinheitlich benutzt und ist kein rechtlicher Begriff. De-Facto Geflüchtete sind Menschen, denen Schutz aufgrund höherrangiger Schutznormen (internationaler Geflüchtetenschutz, Asylrecht, subsidiärer Schutz) versagt wurde, die jedoch nicht aufgrund völkerrechtlicher oder humanitärer Gründen abgeschoben werden können (vgl. § 60a AufenthG). Hier sind Gefahren, denen die Bevölkerung, die

---

[7] Hier wird sich auf die Anti-Folterkonvention der UNO, der europäischen Antifolterkonvention, sowie der Rechtsschutzabteilung des UNHCR (United Nations High Commissioner for Refugees), als auch der Europäischen Menschenrechtskonvention (EMRK) bezogen.

Bevölkerungsgruppe oder das Geschlecht, dem der/die MigrantIn angehört, allgemein ausgesetzt ist, zu berücksichtigen. Auch individuelle Gründe, wie z.B. der Gesundheitszustand einer Person zählen hierzu. Die Abschiebung wird ausgesetzt und der/die MigrantIn erhält eine sechsmonatige Duldung, die häufig in sog. 'Kettenduldungen' mündet (vgl. Schimany 2014, S. 41; Schmidt 2014, S. 190; S. 199). De-Facto Geflüchtete haben somit nicht denselben Rechtsschutz wie Geflüchtete mit internationalem oder subsidiärem Status.

2.2.4 Kontingentflüchtlinge

Eine weitere Kategorie ist die des Kontingent-flüchtlings. Er wird in einem Sonderverfahren per Übernahmeerklärung der obersten Landesbehörden und des Bundesinnenministeriums aus völkerrechtlichen oder humanitären Gründen aufgenommen. Beispielhaft kann man aktuell Menschen mit syrischer Staatsbürgerschaft nennen. Fluchtursachen können Kriegshandlungen, Hungersnöte, Naturkatastrophen, Klimaveränderungen etc. sein (vgl. Schimany 2014, S. 37). Diese Menschen durchlaufen nicht das normale Asylverfahren, sondern müssen nach § 45 Satz 2 AsylVfG und § 8 Abs. 3 Satz 2 des Bundesvertriebenengesetzes (BVFG)[8] auf-

---

[8] Ausfertigungsdatum des Bundesvertriebenengesetzes:

26

genommen werden. Der zahlenmäßige Umfang von Kontingentflüchtlingen wird vom Bundesministerium festgelegt. Den Kontingentflüchtlingen ist eine Aufenthalts- oder Niederlassungserlaubnis auszustellen, die mit Residenzpflicht verknüpft werden kann (vgl. § 23 AufenthG Abs. 3).

SpätaussiedlerInnen und jüdische ZusiedlerInnen als weitere Kategorien von Geflüchteten können im Folgenden nicht weiter berücksichtigt werden, gehören aber auch zu der Gruppe der Geflüchteten.

2.2.5 Illegalisierte / irreguläre Migration

Der illegale Aufenthalt ist in der Bundesrepuplik Deutschland eine Straftat, die mit Geldstrafen, Gefängnisaufenthalt und Abschiebung geahndet wird. In europaweiten Aktionen wird immer wieder nach Selektionskriterien (dem sog. 'racial profiling') nach Menschen ohne bzw. ohne gültige Aufenthaltspapiere gesucht[9] (vgl. Heck 2008, S. 105).

19.05.1953 in der Fassung der Bekanntmachung vom vom 10. August 2007 (BGBl. I S. 1902), das zuletzt durch Artikel 1 des Gesetzes vom 6. September 2013 (BGBl. I S. 3554) geändert worden ist. Der letzte Verkündigungsstand wird im weiteren Verlauf bei Angabe des Gesetzes nicht mehr angegeben.

[9] Z.B. das Projekt Amberlight im April 2015:

Legale Zuwanderung wurde im Rahmen der Europäischen Gemeinschaft erschwert. Innerhalb der legalen Muster dominieren vier Formen der tolerierten Zuwanderung: Familiennachzug, traditionell privilegierte Migrationsbeziehungen (z.B. postkoloniale Migration oder Minderheitenwanderungen), Arbeitswanderungen und die Bildungs- bzw. Ausbildungszuwanderung (vgl. Bade 2001, S. 66). Erscheinungsformen legaler Einreise sind Visa für TouristInnen oder Einreiseerlaubnisse für SaisonarbeiterInnen, Geschäftsreisende oder Studierende. Die Illegalisierung beinhaltet alle anderen Formen von Migration, also auch das Migrierung eines Geflüchteten, der nach Deutschland kommt, um Asyl zu suchen. Sie beginnt mit der Überschreitung der Nationalgrenze ohne Visum oder dem Überschreiten der Aufenthaltserlaubnis ('overstayers' / 'sans papiers'), des Arbeitens ohne Arbeitserlaubnis oder des Abtauchens nach Erhalt des Ablehnungsbescheids des Asylgesuchs. Für Menschen, die ohne Visum nach Deutschland eingereist sind und keinen offiziell anerkannten Geflüchtetenstatus besitzen, gibt es keine Möglichkeit - mit Ausnahme der Heirat einer/s Deutschen - den

---

http://welcometogotha.blogsport.de/2015/04/01/reisewarnung-fuer-menschen-ohne-gueltige-papiere/ [Stand: 05.05.2015] oder das Projekt Mos Maiorum im Oktober 2014: http://www.zeit.de/gesellschaft/zeitgeschehen/2014-10/eu-illegale-migranten-mos-maiorum-kontrollen-kritik [Stand: 03.07.2015].

Aufenthalt zu legalisieren. Dabei muss allerdings berücksichtigt werden, dass die Ehe nur dann zum legalen Aufenthaltsstatus beiträgt, wenn der Aufenthalt der Person zum Zeitpunkt der Eheschließung formal legal war (vgl. Heck 2008, S. 105)[10]. Man vermutet in Deutschland ca. 1 Mio. illegal lebende Menschen (vgl. Haustein, Kühne & Renner et. al. 2008, S. 3).

Bei dem soziologischen Phänomen der illegalen Migration kann man den Gegenstand nicht losgelöst von seinen Bedingungen betrachten und muss diese in den Zusammenhang von staatlicher Kontrolle, wissenschaftlicher Erfassung und politischer Bearbeitung setzen. Diese Heterogenität ist einem kontinuierlichem Wandel ausgesetzt und damit schwerlich abbildbar. Helen Schwenken wagt jedoch diesen Versuch und kristallisiert zusammenfassend drei Mobilisierungstypen im Diskurs- und Konfliktfeld irregulärer Migration heraus. Der erste Typ wird mit dem Titel 'Recht auf Rechte' benannt - VertreterInnen sind selbstorganisierte MigrantInnen wie z.B. pro-migrant-Organisationen, die die politische Position vertreten, dass sich Migration nicht kanalisieren ließe und jeder das Recht habe, sich frei fortzubewegen, wobei sie sich auf grundlegende

---

[10] Scheinehen boomen ab 1990 und spielen auch heute noch eine wichtige Rolle zur Erlangung eines legalen Aufenthaltsstatus. Hier eine Anleitung: http://www.schutzehe.com/data/de_index.htm [Stand: 10.07.2015].

Menschenrechte und humanitäres Gedankengut berufen (vgl. Schwenken 2006, S. 309-311)[11]. Der zweite Mobilisierungstyp erhält den Titel 'Re-Regulierung'. Ihm gehören einige Akteure der EU-Kommission und Internationale Organisationen an, die die Meinung vertreten, dass sich Migration regulieren und gerecht gestalten ließe. Bestimmend ist der Gedanke der Menschenrechtsnormen, die auf naturrechtlichen Vorstellungen beruhen. Internationale Regularisierungen sind für den Schutz von Geflüchteten einerseits und den Schutz der StaatsbürgerInnen andererseits vorgesehen. Mit Illegalität verbundene Problemlagen sollen sichtbar gemacht und bekämpft werden, wobei auch nachträgliche Legalisierungsprogramme bzw. die Einhaltung von Mindeststandards von Menschenrechten im Umgang mit Illegalisierten gefordert werden. Der Staatsakt des Illegalisierens an sich wird jedoch bewusst nicht thematisiert (vgl. Schwenken 2006, S. 311-314). Als 'repressives Migrationsmanagement' wird der dritte Mobilisierungstyp bezeichnet, der von den meisten Regierungen der EU, dem Ministerrat der EU, Teilen der Europäischen Kommission und des Europäischen

---

[11] Beispielhaft für von (irregulären) MigrantInnen selbst organisierten Netzwerken kann man an dieser Stelle das 'Cafe Morgenland' in Berlin, den 'Ausländerlesekreis Köln' oder das europaweit agierende 'The Voice Refugee Forum Germany', dass von FlüchtlingsaktivisitInnen betrieben wird, nennen.

Parlaments, der International Organization for Migration und vor allem von rechten Bewegungen und Parteien vertreten wird. Standpunkt ist hier, dass die Bekämpfung irregulärer Migration die Voraussetzung für legale Migration sei und somit ihre Bekämpfung zu migrationspolitischen Prioritäten gehöre. Die nationalstaatliche Souveränität wird sehr hoch gewichtet, Rechte werden primär StaatsbürgerInnen gewährt (vgl. ebd., S. 314-316).

Ein besonderer Bereich der illegalen Migration ist der Menschenhandel und -schmuggel, der Grenzübertritt mit gefälschten Papieren beinhaltet und dem illegale Arbeitsaufnahme und illegaler Aufenthalt folgen. Verantwortlich hierfür sind international operierende Schlepperorganisationen, die auch zu modernen Formen der Schuldknechtschaft tendieren (vgl. Bade & Rat für Migration e.V. 2001, S. 67). Es gilt hier zwischen Menschenhandel und -schmuggel zu differenzieren: bei geschmuggelten MigrantInnen wird der Profit durch die Gewährleistung des illegalen Grenzübertritts erzielt. Mit von Menschenhandel betroffenen Personen wird hingegen durch das Verkaufen oder Einsetzen im Zielland Geld eingenommen (vgl. Castles & Miller 2009, S. 202). Ein Beispiel für von Menschenhandel Betroffenen sind Personen, die in das sexuelle Dienstleistungsgewerbe oder in ausbeutende

Arbeitsverhältnisse verkauft oder geliehen werden[12] (vgl. Hiller 2006, S. 103-108).

Zusammenfassend lässt sich feststellen, dass sich die rechtlich gefasste Definition von Geflüchteten vom speziellen Fall der Verfolgung, nämlich dem internationalen Geflüchtetenschutz nach Art. 16a GG, über allgemeinere Formen der Verfolgung, also den Kontingentflüchtlingen, subsidiär Schutzberechtigten sowie den De-Facto Geflüchteten, erstreckt. Alle anderen Arten von Migration gehen, mit Ausnahme der legalen, mit jeglicher Absprechung von Geflüchteteneigenschaften und einer damit verbundenen Illegalisierung einher. Die weit gefasste Definition von Geflüchteten hingegen beschreibt jegliche Art von Fluchtmigration, die Menschen dazu zwingt, ihre Heimat zu verlassen.

---

[12] Informativer Zeitungsartikel zum Thema Menschenhandel in Deutschland: http://www.owep.de/artikel/831/verkauft-betrogen-ausgebeutet-menschen-als-ware
[Stand: 09.05.2015]
und zum Thema Arbeitssklaverei:
http://www.deutschlandfunk.de/woran-erkennt-man-moderne-sklaverei.1148.de.html?dram:article_id=180741
[Stand: 01.07.2015].

3. Die politische, ökonomische, rechtliche und soziale Situation von MigrantInnen und Geflüchteten in Deutschland

Um sich ein Überblick der politischen, ökonomischen, rechtlichen und sozialen Lage von Geflüchteten in Deutschland zu verschaffen, bietet es sich an, den Blick auf die mediale und politische Art der Diskussion der jeweils vorherrschenden, thematisierten Migrationsform in Deutschland zu richten. Die vorherrschenden Migrationsregime werden durch die unterschiedlichen Leitbilder und Regierungsweisen abgebildet, unter denen MigrantInnen und damit auch Geflüchtete subsumiert werden. Erstere werden maßgeblich von der ökonomischen Situation bestimmt, weshalb einleitend auch die globale Migrationssituation unter ökonomischen Aspekten beleuchtet wird. Bezogen auf die Bundesrepublik Deutschland wird dann das Arbeitsmigrationsregime von 1949 bis 1973 und das sich anschließende Asyl- und Migrationsregime seit 1973 bis in die Gegenwart beleuchtet. Die Regime werden chronologisch mit den markantesten Gesetzesänderungen und Entwicklungen im nationalen und europäischen Kontext wiedergegeben. Das Augenmerk liegt auf wichtigen politischen, rechtlichen, ökonomischen und sozialen Eckpfeilern. Diese sollen im darauffolgenden Kapitel in einer präzisen Beschreibung der einzelnen Problemlagen für Geflüchtete und in Ansatzmöglichkeiten für die Soziale Arbeit münden.

Migration ist ein Phänomen, das es seit Anbeginn der Menschheit gibt. Migration geht immer mit demographischem Wachstum, technologischem Fortschritt, politischen Konflikten oder Handel einher. In den letzten fünf Jahrzehnten hat Massenmigration eine große Rolle im Kolonialismus, in der Industrialisierung, der Bildung von Nationalstaaten und der Entwicklung des kapitalisierten Weltmarktes[13] gespielt (vgl. Scherrer & Kunze 2011, S. 19-21). Jedoch war Migration noch nie zuvor sozioökonomisch und politisch von derselben Signifikanz wie heute. Auch wurde Migration noch nie zuvor so stark mit Themen der nationalen Sicherheit und mit globalen Konflikten verknüpft (vgl. Castles & Miller 2009, S. 299).

Daher unterliegt auch die Geflüchtetenpolitik den Interessen der industrialisierten Welt. Die OECD-Staaten rücken bei der Asyl- und Geflüchtetenfrage immer enger zusammen und zwischenstaatliche Verträge, wie z.B. das

---

[13] Weiterführende, kritische Literatur zum Thema Globalisierung:
Lüvell, Franck (2002): Die Globalisierung des Migrationsre-gimes. Zur neuen Einwanderungspolitik in Europa. Berlin:

Schengener-Abkommen[14] zeigen, dass Staaten ihre Asylpolitik real aufeinander abstimmen und sich gemeinsam gegen Geflüchtetenströme abschotten. Unter Einbezug des Welthandelsvolumens „vollzieht sich 84 Prozent des Welthandels zwischen Ländern, die lediglich 28 Prozent der Weltbevölkerung stellen" (Westermann 2009, S. 23). Die meisten Handelsabkommen laufen über strategische Kooperationsabkommen zwischen Japan, Westeuropa und Nordamerika. Dies bedeutet, dass die OECD-Staaten immer mehr untereinander interagieren und ihr Integrationsprozess immer weiter fortschreitet, während die restlichen Länder von diesen Entwicklungen abgekoppelt werden (vgl. eb.d, S. 24).

Die Internationalisierung von Wirtschafts-beziehungen macht interkulturelle Abwanderungen dadurch zunehmend wahrscheinlich (vgl. Holzer & Schneider 2002, S. 118). Hier wird in steigendem Maße selektiert: Die internationalisierte Ökonomie profitiert zunehmend von der gezielten transnationalen Anwerbung von innovativen ImmigrantInnen und baut verstärkt auf die Bekämpfung armer MigrantInnen und Geflüchteter (vgl. Castles & Miller 2009, S. 31).

Die Abwanderung aus überwiegend ländlichen Regionen mit starkem Bevölkerungswachstum, aber

---

Assoziation A.

[14] Nähere Ausführung folgen in Kapitel 3.2.2.

unzureichendem Erwerbsangebot in wirtschaftlich stärkere Regionen des Landes ist eine Gemeinsamkeit internationaler, arbeitsbedingter Migration. Dieses unzureichende Erwerbsangebot hat ökologische, ökonomische, demographische und soziale Ursachen (vgl. Bade 2000, S. 24f). Hier trifft Angebot auf Nachfrage: Arbeitswanderung erfüllt meist Ersatz- und Zusatzfunktionen im wirtschaftlichen Bereich, die oft körperlich intensiv und gesundheitsschädigend sind und ökonomische Pufferzonen in konjunkturellen Wechsellagen bedient. Migration gleicht also Lücken aus und transferiert Fähigkeiten und Fertigkeiten aus dem unternehmerischen, kaufmännischen, handwerklichen oder technischen Bereich (vgl. ebd., S. 108-113).

3.1 Das Arbeitsmigrationsregime

Der Zeitraum von 1949 bis 1973 ist von der Anwerbepolitik von ArbeitsmigrantInnen (auch GastarbeiterInnen genannt) geprägt. Aufgrund des Wirtschaftswunders und der niedrigen Lohnhöhe von einfachen Arbeiterjobs, die teilweise unter dem Niveau der Arbeitslosenhilfe lag, gelang es trotz Arbeitslosigkeit nicht, offene Stellen zu besetzen. Daher wurden Anwerbeverträge mit Spanien, Griechenland, der Türkei, Marokko, Portugal, Tunesien und Jugoslawien geschlossen, um den Nachschub von billigen und benötigten Arbeitskräften zu gewährleisten. Asylgesuche wurden in dieser Zeit fast gar nicht gestellt. Das damals geltende Aufenthaltsrecht wurde für ArbeitsmigrantInnen und Asylsuchende von der Ausländerbehörde geregelt, die auf Grundlage des Aufenthalts- und Arbeitserlaubnisrechts für Ausländer entschied (vgl. Heck 2008, S. 71). Im Zeitraum von 1945 bis 1973 gab es drei Möglichkeiten nach Deutschland zu kommen: über Anwerbeabkommen zwischen den verschiedenen Ländern mit Deutschland, über das sog. 'Sichtvermerksverfahren', wenn man sich eigenständig auf den Weg nach Deutschland aufgemacht hatte, oder über ein Studenten- oder Tourismusvisa, das die Einreise ohne Sichtvermerk ermöglichte. Die Einreise mit Visa wurde vor allem 1958 gebilligt, da es zu diesem Zeitpunkt zu Verzögerungen bei der Anwerbung kam. Die Einreise erfolgte meist über die grüne Grenze und wurde nachträglich – bei Antritt eines Jobs – bestätigt. Diese Praxis führte 1965 dazu, dass eine Einreise zur Arbeitsaufnahme ohne Sichtvermerk grundsätzlich illegal wurde (vgl. Karakayali 2008, S. 121). Aus- und Inländer waren zwar sozial- und zivilrechtlich gleichgestellt, diese Rechte wurden jedoch vom Aufenthalts- und Arbeitserlaubnisrecht unterwandert. Es galt das bis heute aktuelle Inländerprimat: Inländer werden MigrantInnen gegenüber vorgezogen und der Arbeitsmarkt als Resultat ethnisch segmentiert. Deutsche Arbeitskräfte stiegen in höhere Positionen auf, während migrantische Arbeitskräfte in Positionen angestellt wurden, die sonst einer Modernisierung zum Opfer gefallen wären. Nach Schätzungen sind im Zeitraum zwischen 1960 bis 1970 ca. 2.3 Mio. deutsche Beschäftige von Arbeiter- in Angestelltenpositionen aufgestiegen (vgl. ebd., S. 104). 1968 zeichnete sich eine soziale Krise ab, da ArbeitnehmerInnen vermehrt ihre Familien mitbrachten und damit in der Nachfrage nach Gütern wie z.B. Wohnungen, Kindergartenplätzen, sozialstaatlichen Leistungen etc. in direkter Konkurrenz zur deutschen Bevölkerung standen. Es entstanden Verteilungskämpfe durch den Nachzug von Familienmitgliedern der GastarbeiterInnen (vgl. ebd., S. 153). Die Jahre zwischen 1970 bis 1980 war die Zeit der Familienzusammenführungen und Heiratsmigration. Dies macht auch bis heute einen nicht unerheblichen Teil von Migration nach Deutschland aus. Durch die Einführung einer Visumspflicht und sog. 'Rückkehrprämien' versuchte man diesen Zuzug zu steuern (vgl. ebd., S. 161).

3.2 Asyl- und Geflüchtetenmigrationsregime

Die weltweite Ölkrise 1973 markiert den Anwerbestopp und den Wendepunkt von ökonomisch gewollter Migration zu einem Bündel von Maßnahmen, um Migration zu drosseln. Der Regimewechsel ist durch den ökonomischen und darauf folgenden medialen und politischen Umbruch gekennzeichnet: anstelle von GastarbeiterInnen wird nun von AsylbewerberInnen gesprochen, die nach Deutschland kommen. Ab den 80er Jahren rückt die Geflüchtetenpolitik in den Fokus des Diskurses, die wesentlich von einer Abschottungspolitik der EU-Staaten, der Ablehnung von GastarbeiterInnen und der Skandalisierung des Einwanderungs- und Geflüchtetendiskurses bestimmt ist. In den 90er Jahren erfährt der Diskurs eine weitreichende Veränderung: illegale Migration wird europaweit zum Dreh- und Angelpunkt der Migrationspolitik.

3.2.1 Vom Asylmissbrauch zum Asylkompromiss

Es lässt sich feststellen, dass sich Europa innerhalb von 40 Jahren bis zum Ende der 1980er Jahre in ein Einwanderungsgebiet verwandelt hat. Liberalisierung und Restriktion führten jedoch zu vermehrten xenophoben Abwehrhaltungen, die politisch und medial forciert wurden (vgl. Holzer & Schneider 2002, S. 18). Im Zentrum der Diskurse standen die

„(…) aus der Wanderungsgeschichte vielfach bekannten, durch Kettenwanderungen entstandenen Konzentrationen von Zuwanderergruppen in ethnischen oder regionalen Herkunftsgemeinschaften oder gemischten Zuwanderer-vierteln. Die Herausbildung von polyethnischen Strukturen setzte bei vielen Ein-heimischen, forciert durch politische Agitation und deren Unterstützung durch die Medien, Prozesse der negativen Integration, des defensiven Zusammenrückens auf Kosten von 'Fremden' in Gang" (Bade 2000, S. 381).

Hinzu kamen ökonomische Unsicherheiten aufgrund der Krise, Ängste um Arbeitsplätze und der sprunghafte Anstieg von AsylberwerberInnen aufgrund verschiedener Konflikte und Kriege, wobei die meisten AsylbewerberInnen aus Ost- und Südeuropa sowie der ehemaligen DDR kamen (vgl. Luft & Schimany 2014, S. 12).

Im Jahre 1986 wird das erste Mal das Thema 'Asylmissbrauch' für einen Wahlkampf genutzt, während es nur ein Jahr später zum zentralen Wahlkampfthema gemacht wurde (vgl. Heck 2008, S. 75f). Diese Kampagnen gingen mit einer der „schärfsten, polemischsten und folgenreichsten innenpolitischen Auseinandersetzungen der deutschen Nachkriegs-geschichte" (ebd., S. 76) einher. Medien und Politiker sprachen von 'Asylantenschwemme' und 'Asylantenflut' und trugen maßgeblich zu einer aufkommenden

Geflüchtetenphobie bei. Die Zahl rassistischer Anschläge gegen MigrantInnen und Geflüchtete stieg in Deutschland rapide an und fand ihren Höhepunkt in den Pogromen von Hoyerswerda und Rostock-Lichtenhagen und den Brandanschlägen von Mölln und Solingen (vgl. Tremmel 1993, S. 124-194). Der damalige Bundesinnenminister Rudolf Seiters sagte in seiner Rede im Sommer 1992 in Rostock, dass „die Anschläge dem Ansehen Deutschlands im Ausland schaden würden" (Heck 2008, S. 77). Jedoch verurteilte er nicht die rassistisch motivierten Taten an sich, sondern machte die Opfer der Anschläge indirekt für die Taten verantwortlich. Er forderte schnelleres Eingreifen gegen Asylmissbrauch, der zu einem unkontrollierten Zustrom von AsylbewerberInnen in Deutschland geführt hätte (vgl. Cremer 2013, S. 17f). Nach diesen Pogromen setzte im Sommer 1992 eine Kampagne der Sympathie für Geflüchtete ein, die gegen den Vorwurf der Ausländerfeindlichkeit anging (vgl. Herbert 2014, S. 97). Besonders nach den extremen Formen der Ablehnung und Übergriffe formierten sich Bewegungen der Solidarität: Millionen Menschen nahmen an Lichterketten gegen die Gewalt teil und verurteilten die Gewaltakte.

Die medialen und politischen Kampagnen mündeten im Jahr 1993 in der Änderung des Grundgesetzes und schufen nach harten parteipolitischen Auseinandersetzungen den sog. Asylkompromiss, da sich die PolitikerInnen aufgrund der rassistisch zunehmenden Gewalt und der steigenden AsylbewerberInnenzahlen zum Handeln gezwungen sahen (vgl. Münch 2014, S. 69f). Aber auch die Argumentation, dass eine Notwendigkeit zur Änderung des Grundgesetzes bestünde, um dieses mit EU-Recht harmonisieren zu können, kursierte in CDU-Kreisen (vgl. Keßler 2013, S. 1).

Der Satz aus Artikel 16 des GG: „Politisch verfolgte genießen Asylrecht" wurde 1992 wie folgt modifiziert: Der Grundrechtsschutz gilt nach Absatz 2 nicht für diejenigen, die über einen EG-Staat oder einen anderen Drittstaat'[15] eingereist sind, in dem europäische Menschenrechtskonventionen oder die Anwendung der Genfer Konvention sichergestellt sind. Sichere Drittstaaten können per Gesetz bestimmt werden und sind per Definition alle Nachbarstaaten Deutschlands und eine Reihe weiterer Staaten (vgl. Art. 16a Abs. 2 GG; Fritz & Groner 2004, S. 3f). Dem Bundesgrenzschutz ist nach § 9 AsylVfG erlaubt, Asylsuchende bereits an der Grenze abzuweisen, wenn nachweisbar ist, dass sie bereits in einem Drittstaat sicher vor Verfolgung waren. Daher ist

---

[15] Offizielle Aufstellung der Liste von Drittstaaten durch die EG: http://eur-lex.europa.eu/LexUriServ/LexUriServ.do?uri=OJ:L:2001:081:0001:0007:DE:PDF [Stand: 06.05.2015].

der Luftweg der einzig verbleibende legale Weg, um nach Deutschland einzureisen[16] (vgl. Schwenken 2006, S. 103f).

Der zweite Zusatz des Art. 16a GG Abs. 3 regelt den Ausschluss von Menschen aus sicheren Herkunftsstaaten, die in § 29a AsylVfG näher definiert werden (vgl. Schimany 2014, S. 39). Ein sicherer Herkunftsstaat[17] ist ein Staat, in dem aufgrund politischer Verhältnisse und Rechtslage politische Verfolgung oder unmenschliche Bestrafungen nicht stattfinden (vgl. Art 16a GG Abs. 3).

Des Weiteren wurden am 06.12.1992 die Bestimmungen zum Empfang von Sozialhilfeleistungen für AsylbewerberInnen und Geflüchtete aus dem Bundessozialhilfegesetz (BSHG) ausgekoppelt um im daraufhin verabschiedeten Asylbewerberleistungsgesetz

---

[16] Asylanträge werden vor allem am Frankfurter Flughafen per Eilverfahren im Transitbereich durchgeführt (vgl. § 18a des AsylVfG; BAMF 2014, S. 11f). Gegen Fluggesellschaften werden Bußgelder verhängt, wenn sie Personen ohne gültige Einreisevisa und ausbleibender Überprüfung des Passes mit an Bord nehmen – so wird die Anzahl der AsylantragsstellerInnen relativ gering gehalten (vgl. Heck 2008, S. 75). Europäische Staaten haben nämlich für 131 Staaten eine Visumspflicht festgelegt - einsehbar beim Auswärtigen Amt unter: http://www.auswaertiges-amt.de/DE/EinreiseUndAufenthalt/StaatenlisteVisumpflicht.html?nn=350374 [Stand: 03.05.2015].

[17] Serbien, Mazedonien und Bosnien-Herzegowina wurden 2014 als sichere Herkunftsstaaten eingestuft. Anträge aus diesen Ländern werden im Eilverfahren binnen 4 Tagen abgelehnt, da in den meisten Fällen kein Schutzgrund vorliegt (vgl. Senge 2015, S. 18).

ihren Niederschlag zu finden. Die Reform forderte theoretisch das Festsetzen eines menschenwürdigen Existenzminimums, beinhaltete praktisch jedoch die „Beschneidung des Grundrechts auf Asyl, die Begrenzung der Aussiedlerzuwanderung sowie Perspektiven der Zuwanderung" (Heck 2008, S. 77).

Die Änderung der Gesetzestexte, der sog. 'Asylkompromiss', der 1993 in Kraft trat, gilt als eine der umstrittensten der politischen Geschichte Deutschlands. Der Kern der emotionalisierten Debatte war nicht die generelle Anerkennung von Geflüchteten, denen das Asylrecht „qua Mensch zukommt, sondern gegen diejenigen [gerichtet], die es für sich in Anspruch nehmen, obwohl sie nicht den Voraussetzungen der *politischen* Verfolgung entsprechen" (Tremmel 1993, S. 226). Die Debatte richtete sich also gegen die 'unechten' Geflüchteten, die mithilfe komplizierter Auswahlverfahren des Landes verwiesen werden sollen. Die Maßnahmen, die der Debatte folgten, erschwerten den Weg zu einem deutschen Asylverfahren und beschnitten die Rechte aller Geflüchteten, die sich bereits in Deutschland aufhielten (vgl. Münch 2014, S. 80). Zusammenfassend wird für die Jahre von 1949 bis 1993 sichtbar, dass im Gegensatz zur aufnehmenden und wohlwollenden Praxis nach dem 2. Weltkrieg Deutschland nun für das liberalste Asylrecht mit der restriktivsten Asylpraxis unter den europäischen

Staaten bekannt ist. Die Zahl der Asylsuchenden sank in den folgenden Jahren stark, da aufgrund des Asylkompromisses viele Geflüchtete, die an der Landesgrenze zu Deutschland Asyl erbaten, abgewiesen wurden. Parallel dazu stieg die Zahl der Abschiebungen[18] an, ebenso die der illegalisierten MigrantInnen (vgl. Heck 2008, S. 78; Schimany 2014, S. 11).

Die Asylpolitik Deutschlands muss immer im Zusammenhang mit den angrenzenden Ländern betrachtet werden, da regulative Entscheidungen bzw. die Offenheit für Geflüchtete im Allgemeinen über die Attraktivität der Region und des Landes entscheiden und den Zustrom in dieses beeinflussen. Dies hat mit Umverteilung zu tun:

„[...] auf nationalstaatlicher Ebene führt die Migration zu einer Vergrößerung des Arbeitsangebotes und, falls der Zugang zum

---

[18] Eine übersichtliche Karte von Geflüchtetenlagern, Abschiebegefängnissen und Ausreisezentren in Europa: http://www.migreurop.org/IMG/pdf/map_19.1_vers_une_detention_de_en_longue.pdf [Stand: 05.05.2015].
Die Zahl der Abschiebungen stieg im Jahr 2013 auf 10.198 Abschiebungen, 4.498 Zurückschiebungen und 3.850 Zurückweisungen an Grenzen und Flughäfen an. Im Jahr 2014 wurden 34.257 Ausreisebescheide gegenüber Drittstaatenangehörigen erlassen. Die Zahl der Zurückweisungen betrug 3.612, die der Zurückschiebungen 2.967. Es erfolgten 4.472 Überstellungen aufgrund des Dublin-Abkommens und 10.884 Abschiebungen. Kleine Anfrage im Bundestag von den Linken: http://www.proasyl.de/fileadmin/proasyl/fm_redakteure/Themen/Zahlen_und_Fakten/Abschiebungen_2014.pdf [Stand: 18.07.2015].

Arbeitsmarkt stark reguliert ist, zur Umverteilung über Sozialhilfe oder zur Abwanderung der Immigranten in die Schattenwirtschaft. Redistributive Effekte sind auf der internationalen Ebene zwischen Staaten zu erwarten, da die unterschiedlichen asylpolitischen Maßnahmen Externalitäten in anderen Staaten hervorrufen" (Holzer & Schneider 2002, S. 31).

Wenn ein Staat also den Zuzug erschwert, wächst der Immigrationsdruck im Nachbarland nahezu automatisch. Dies verschärft natürlich den Anreiz derjenige Staat zu sein, der die restriktivsten Maßnahmen aller hat. Multilaterale Koordinationsbemühungen zur Abschottung der EU sind als

„Ausbruchsversuch aus dieser zirkulären Entwicklung zu verstehen und [um] zu erklären, warum auf einem Gebiet, auf dem nationalstaatliche Interessen dominieren, Kooperation zwischen eigennützigen Regierungen erfolgt" (ebd., S. 39).

Die Logik der gemeinsamen Abschottung besteht darin, die absoluten Preise für die gesamte Region in die Höhe zu treiben, um den Zuwanderungsstrom zu reduzieren. Die konkreten Maßnahmen der EU werden anschließend im Überblick dargestellt.

3.2.2 Vom Nationalstaat zur Europäischen Gemeinschaft

Europaweite Verträge verweben Migrations- und Asylpolitik eng auf ihren Agenden. Das Politikfeld

Migration beinhaltet Zuwanderungsfragen, wie z.B. Familiennachzug, Asyl und Grenzsicherung, und soziale Rechte für bereits in der EU lebende MigrantInnen wie z.B. Integration und Antidiskriminierung (vgl. Schwenken 2006, S. 118). Die EU öffnet sich nach innen für erwünschte Einwanderung und schottet sich nach außen gegen unerwünschte Einwanderungs- und Geflüchteten-ströme ab[19]. Die Verhärtung dieser Asylpolitik äußert sich mit Nachdruck in den Abschlüssen zahlreicher bi- und multilateraler Abkommen, die die restriktiven Maßnahmen zur Abschottung der Außengrenzen Europas europaweit vereinheitlichen und harmonisieren sollen (vgl. ebd., S. 107). Für die europäische Asylrechtsharmonisierung wurde die Grundlage in der Erweiterung des § 16a GG Abs. 5 gelegt. Im Folgenden werden die wichtigsten und folgenreichsten Abkommen skizziert.

Zu den bedeutsamsten Überkommen zählen die Schengener Abkommen I & II (1985, 1998)[20], in denen die Aufhebung der Personenkontrollen innerhalb der

---

[19] Eine interaktive Dokumentation eines Geflüchteten von Syrien nach Europa: http://www.bbc.com/news/world-middle-east-32057601 [Stand: 11.07.2015].
Zur aktuellen Situation an den Außengrenzen: http://info.arte.tv/de/fluchtlingsstrome-im-mittelmeerraum-ursachen-folgen-und-losungsansatze [Stand: 11.07.2015].

[20] Dem Schengener Abkommen, das anfangs nur zwischen Frankreich, Deutschland und den Benelux-Staaten abgeschlossen wurde, haben sich nach und nach fast alle Mitgliedsstaaten der Union angeschlossen (mit Ausnahme von Irland und GB) (vgl. Schwenken 2006, S. 96f).

Binnengrenzen beschlossen wurden, die mit Freizügigkeit von BürgerInnen der Schengen-Mitgliedsstaaten einhergeht. Des Weiteren wird eine harmonisierte Visapolitik und ein einheitlicher Standard der Außengrenzenkontrollen angestrebt (vgl. Finotelli 2007, S. 53). Inhaltlich geht es um drei Themenblöcke. Erstens um die „Regelungen zum Abbau der Binnengrenzkontrollen und zur Verschärfung der Kontrollen an den Außengrenzen, gemeinsame Visumspolitik, Reiseverkehr und Aufenthalt von 'Drittausländern' und Asylpolitik" (Heck 2008, S. 82). Zweitens soll die polizeiliche Zusammenarbeit zum Zwecke der inneren Sicherheit verbessert werden. Diese ist an Zusagen von justizieller Hilfe gekoppelt. Drittens wurde das Schengener Informationssystem (SIS)[21] geschaffen, auf das alle Schengen-Mitglieder zugreifen können und das mit weiteren Datenbanken verknüpft ist (vgl. ebd.).

Ein weiteres wichtiges Abkommen ist das 'Dubliner Übereinkommen'[22]. Bei einem Kontakt eines Geflüchteten

---

[21] Das SIS dient dem Informationsaustausch zu Person- und Sachfahndungen für die Sicherheitsbehörden der Schengen-Länder. Sie haben außerdem Zugriff auf EURODAC, die Datenbank FADO (False and Authentic Documents), sowie EUROPOL (European Police Office). Ziel hierbei ist die Aufdeckung und Bekämpfung irregulärer Migration und damit zusammenhängenden Straftaten (vgl. Heck 2008, S. 83; Schwenken 2006, S. 97-98).

[22] Weiterführender Artikel: Pelzer, Marai (2013): Die Dublin-III-

mit einer Behörde oder der Polizei werden immer die Fingerabdrücke des Geflüchteten genommen und mit der Datenbank des EURODAC-Systems[23] verglichen. So können sog. 'Dublin Fälle' ermittelt werden, die eine Bearbeitung des Asylantrages unnötig machen. Das Dublin-Abkommen hat das Ziel, die Zuständigkeit für die Prüfung eines Asylantrages herauszufinden, um mehrere parallele Antragsverfahren in den verschiedenen EU-Staaten sowie Norwegen, Island, Schweiz und Liechtenstein zu verhindern. Zuständig ist nach der Dublin-Verordnung derjenige Staat, in dem der/die AsylbewerberIn zuerst einen Antrag gestellt hat bzw. in das er/sie als erstes mit einem Visum oder illegal eingereist ist. Wenn dieser festgestellt wurde, wird ein Übernahmeersuchen an den betreffenden Staat gestellt und – stimmt dieser zu – eine Überstellung arrangiert (vgl. Schmidt 2014, S. 196; BAMF 2014, S. 12f). Asylentscheidungen sollen gegenseitig anerkannt und die

---

Verordnung. Die neue EU-Verordnung zur Bestimmung des zuständigen Asylstaats. IN: Informationsbund Asyl & Migration e.V. (Hrsg.): Neuregelungen im EU-Flüchtlingsrecht. Die wichtigsten Änderungen bei Richtlinien und Verordnungen. Beilage zum Asylmagazin 7-8/2013. Berlin: Haus der Demokratie und Menschenrechte, S. 29-38.

[23] Weiterführender Artikel: Habbe, Heiko (2013): Die neue EURODAC-Verordnung. Zankapfel der Harmonisierung des EU-Rechts. IN: Informationsbund Asyl & Migration e.V. (Hrsg.): Neuregelungen im EU-Flüchtlingsrecht. Die wichtigsten Änderungen bei Richtlinien und Verordnungen. Beilage zum Asylmagazin 7-8/2013. Berlin: Haus der Demokratie und Menschenrechte, S. 39-43.

Lasten von AsylbewerberInnen gleichmäßig verteilt werden. Im Mai 2015 stieg der Anteil der an die EU-Mitgliedsstaaten gestellten Übernahmegesuche aufgrund von EURODAC-Treffern auf 80% an (vgl. BAMF 2015, S. 8). Bei Ermittlung eines Treffers wird der gestellte Asylantrag als unzulässig abgelehnt und die Abschiebung in das jeweilige Eintrittsland der EU-Staaten angeordnet (vgl. Luft & Schimany 2014).

Auch der Amsterdamer Vertrag (1999), mit dem die EU die 'Europäisierung' der Immigrations- und Asylpolitik vorantrieb, führte zu keinem Kurswechsel. Er enthält Vereinbarungen zu Visa, Asyl, Einwanderung und freiem Personenverkehr und zielt auf Harmonisierung und Kooperation der Politik in Asyl- und Migrationsfragen ab (vgl. Westermann 2009, S. 89f).

Die seit 1991 beschlossenen 'Assoziations-abkommen' (oder auch 'Europa-Abkommen') enthalten Verträge zur Handelsliberalisierung und migrations-bezogene Vereinbarungen. So werden Nicht-EU-Staaten mit finanziellen Zuwendungen bedacht, wenn sie der europäischen Migrationspolitik zuträglich sind (vgl. Schwenken 2006, S. 102). Ende der 90er Jahre beschloss die EU-Arbeitsgruppe Asyl und Migration 'Aktionspläne' zu sog. 'Drittstaaten', über die viele

MigrantInnen und Geflüchtete versuchen, in die EU zu gelangen:

„Herkunft- und Transitstaaten sollen unter Androhung von Sanktionen dazu gebracht werden, einem gemeinsamen Migrationsmanagement sowie der Rücknahme ihrer in Europa unerwünschten Staatsangehörigen zuzustimmen" (ebd., S. 99).

Diese restriktive Politik irregulärer Migration solle zu mehr Akzeptanz der Aufnahme von Geflüchteten aus humanitären Gründen führen. Außerdem sei regulierte Migration aus ökonomischer Sicht von Nutzen für alle, so die Argumentation der EU (vgl. ebd., 99f).

Die Grenz- und Migrationspolitik reicht von der Drittstaatenregelung über Rückübernahmeabkommen mit Herkunftsländern und zweckgebundener finanzieller Unterstützung von Staaten bis hin zum Ausbau der Grenzsicherung an den EU-Außengrenzen im Osten bis in die Sahelzone und wird mit finanziellen Anreizen für die Entwicklungspolitik verknüpft (vgl. Karakayali 2008, S. 185). Die Grenzsicherung der EU-Außengrenzen liegt im Verantwortungsbereich der Grenzschutzagentur Frontex, die als Institution der EU am 01.05.2005 ihre Arbeit aufnahm. Frontex wird aus dem französischen: 'frontieres exterieures' (=Außengrenze) abgeleitet und steht für 'Europäische Agentur für die operative Zusammenarbeit an den Außengrenzen der Mitgliedsstaaten der Europäischen Union'. Aufgabe der Agentur ist „[...] die Verbesserung der Koordinierung der operativen

Zusammenarbeit zwischen den Mitgliedsstaaten im Bereich des Schutzes der Außengrenzen der Mitgliedsstaaten" (Heck 2008, S. 90), sowie die Unterstützung der Grenzsicherung, das Abschieben von illegalen MigrantInnen und das Erstellen von Risikoanalysen illegaler Migration. Die Leitlinien sind 2004 im Haager Programm[24] der EU festgelegt worden. Frontex wird von EU-Geldern finanziert – ca. 46 % aller Gelder für Migration und Asyl werden in die Abschottung der EU-Außengrenze geleitet, so ein Bericht von Amnesty International (vgl. Amnesty International 2014, S. 9).

3.2.3 Die Verbindung des Asylkompromisses mit der EU-Politik

Nach den grundlegenden Gesetzesänderungen sanken die Asylbewerberanträge stetig – vor allem in den Jahren 2000 bis 2006. 1992 verzeichnete Deutschland noch 70% aller AsylbewerberInnen, innerhalb der ein Jahr später gegründeten EU; im Jahr 2000 waren es nur noch 20% (vgl. Schimany 2014, S. 51). Der Rückgang der Asylbewerberzahlen ging u.a. auf das Ende der

---

[24] Die 10 Prioritäten des Haager Programms unter:
http://europa.eu/legislation_summaries/human_rights/funda
mental_rights_within_european_union/l16002_de.htm
[Stand: 05.05.2015].

Kriegshandlungen im ehemaligen Jugoslawien und der Stabilisierung Osteuropas zurück. Es lässt sich hier eine Verschiebung von Geflüchteten aus europäischen zu westasiatischen Herkunftsländern, so z.B. Afghanistan, Iran, Irak, verzeichnen (vgl. ebd., S. 53f). Nach den Anschlägen auf das World Trade Center am 09.11.2001 entstand ein neues Zuwanderungsgesetz unter sicherheitspolitischen Gesichtspunkten (vgl. Heck 2008, S. 98-102). Hierfür müsste man die zunehmende Islamophobie in 'westlichen' Ländern in Betracht ziehen und den sog. 'Krieg gegen den Terrorismus' unter zunehmend rassistischen Aspekten untersuchen (vgl. dazu auch Castles & Miller 2009, S. 207-220; 265-268). Jedoch ist dies nicht der Fokus dieser Arbeit und kann insofern nicht berücksichtigt werden.

Das reformierte Zuwanderungsgesetz, das im Jahr 2005 in Kraft trat, reduziert die Aufenthaltstitel auf zwei: die befristete Aufenthalts- und die unbefristete Niederlassungserlaubnis, wobei beide eine Arbeitserlaubnis beinhalten. Nun haben im Asylverfahren gemäß der Genfer Flüchtlingskonvention auch solche Personen den Geflüchtetenstatus inne, die unter geschlechtsspezifischer oder nicht-staatlicher Verfolgung leiden. Die Teilnahme an Integrationsmaßnahmen wie Sprach- und Integrationskursen und dem

Integrationstest[25] ist nun per Gesetz vorgesehen. Die Einbürgerung sowie die unbefristete Niederlassungs-erlaubnis ziehen automatisch eine Regelanfrage beim Verfassungsschutz nach sich. Außerdem ist in dem Gesetz die 'Visa-Warndatei' enthalten, die vor Asylmissbrauch schützen soll und es nach § 72a des AufenthG möglich macht, alle Daten und personenbezogenen Angaben von MigrantInnen abzufragen (vgl. Heck 2008, S. 101; Schimany 2014, S. 40).

Die Bleiberechtsregelung im Jahr 2006 brachte für einen Teil der geduldeten (De-Facto) Geflüchteten das dauerhafte Bleiberecht (vgl. Heck 2008, S. 100). Der Tiefstand an AsylbewerberInnen im Jahr 2006 wurde als Ausgangspunkt für die Planung der AsylbewerberInnen-zahlen der nächsten Jahre genutzt und führte zu der völligen Aus- und Überlastung der Länderkapazitäten in den Jahren ab 2012 bis heute, da sich die AsylbewerberInnenzahlen von 2006 bis 2012 verdoppelten (vgl. Prantl 2015, S. 21; BAMF 2015, S. 3). Im Jahr 2012 verzeichnete Deutschland die meisten Asylanträge in der EU (vgl. Schimany 2014, S. 60). Dies sagt jedoch nichts über das Verhältnis zwischen den

---

[25] http://www.bamf.de/DE/Einbuergerung/OnlineTestcenter/online-testcenter.html?nn=1367848 [Stand: 02.07.2015].

AsylbewerberInnenzahlen und der Einwohnerzahl, und der damit einhergehenden Kapazitäten, des EU-Landes aus. Jedoch wurden auch im internationalen Vergleich mehr Fluchtbewegungen verzeichnet. Laut ProAsyl wurden im Jahr 2014 weltweit 51,3 Mio. Menschen auf der Flucht gezählt – die höchste Geflüchtetenzahl seit dem zweiten Weltkrieg (vgl. ProAsyl 2014, S. 1). Die Zahl der Menschen, die über das Mittelmeer versuchten nach Europa zu fliehen, stieg enorm. Zum Vergleich: von Anfang des Jahres 2015 bis zum 01. Juli 2015 waren bereits 137.000 Geflüchtete in Europa angekommen, im Jahr 2014 waren es in demselben Zeitraum 75.000. Die meisten Geflüchteten kommen aus Syrien, Afghanistan und Eritrea und haben meist 'echten' Anspruch auf Schutz (vgl. UNHCR 2015, S. 1).

Die Bundesrepublik Deutschland ist also einerseits mit einer steigenden Zahl von Geflüchteten konfrontiert und andererseits erstmals seit 1973 wieder in der ökonomischen Position, dass sie ArbeiterInnen bzw. spezialisierte Fachkräfte sucht. Deswegen wurde im Jahr 2012 das Gesetz zur Einführung einer Blauen Karte für hochqualifizierte Fachkräfte aus Drittstaaten unter dem Stichwort 'Fachkräftezuwanderung' eingeführt. Auch dürfen ausländische HochschulabsolventInnen nach erfolgreicher Beendigung ihres Studiums ein Jahr in Deutschland verweilen, um eine Arbeitsstelle zu suchen.

Diese Thematik wurde verstärkt mit dem Thema 'Willkommenskultur' in Deutschland in Verbindung gebracht und massiv auf Personen mit Migrationshintergrund, die in Deutschland leben, projiziert (vgl. Bünte 2014, S. 221f).

Die durch die USA ausgelöste weltweite Finanz- und Immobilienkrise der Jahre 2007/2008 hatte auch Auswirkungen auf den EU-Raum. Diese und die anschließende EU-Krise ab 2009 führten zur Erhöhung sozialer und gesellschaftlicher Unsicherheit und Ängste. Ende Oktober 2014 gab es in verschiedenen Städten Bewegungen von BürgerInnen, die 'gegen die Islamisierung des Abendlandes' (GIDA) eintraten. Die Bewegungen wurden mit dem Kürzel der Stadt komplementiert: so nannte sich beispielsweise die Demonstration in Köln gegen die Islamisierung des Abendlandes 'KÖGIDA'. Nach einer Einschätzung der Info- und Bildungsstelle gegen Rechtsextremismus des NS-Dokumentationszentrums stammten die organisierenden Akteure vornehmlich aus dem rechts-populistischen Spektrum (vgl. ibs 2015, S.1). Dies wurde auch im Jahre 2014 immer eindeutiger: während sich die Parolen zunächst gegen Islamisten richteten, wurden im weiteren Verlauf auch Muslime, Geflüchtete und MigrantInnen zur Zielscheibe der Proteste. Dies führte nach einer überwiegend positiven Medien-berichterstattung der wöchentlichen 'Abend-spaziergänge' von 'besorgten BürgerInnen' zu einem Umschwung. Auch hier wurden, wie in den 90er Jahren, die Demonstrationen von Solidaritäts- und Gegen-demonstrationen für Geflüchtete und gegen Rassismus begleitet. Eine NDR Reportage mit dem Titel 'Dresden heute, Rostock damals: was gelernt?'[26] vernetzte die beiden historischen Zeiträume miteinander und führte zu vielfachen Solidaritätsbekundungen für Geflüchtete. Die Märsche wurden zwar in den meisten Städten eingestellt, Übergriffe auf MigrantInnen und Geflüchtete und deren Unterkünfte häufen sich aber dennoch (vgl. SWR 2015, S. 1).

Seit Ende des Jahres 2014 bis heute wird der mediale Fokus auf ertrunkene Geflüchtete im Mittelmeer gelegt. Die Tragödien vor Lampedusa schafften es auf die Titelseiten der Zeitungen. Gleichzeitig wurde am 02.07.2015 ein neues Gesetz zum Aufenthalts- und Bleiberecht vom Bundestag beschlossen. Dieses beinhaltet eine noch strengere Kriminalisierung von Geflüchteten, die bei Eintritt in das Land oder beim Stellen des Asylantrages falsche oder unvollständige

---

[26] http://daserste.ndr.de/panorama/archiv/2015/Dresden-heute-Rostock-damals-was- gelernt,ligida102.html [Stand: 03.07.2015].

Angaben gemacht haben. Es sollen Wiedereinreisesperren eingeführt werden. Bei MigrantInnen, die ihre Identität verschleiern, darf künftig das Handy oder der Laptop nach Informationen durchsucht werden. Andererseits erhalten gut integrierte De-Facto Geflüchtete nach achtjährigem Aufenthalt und mit gesicherten Lebensverhältnissen in Zukunft leichter eine Aufenthaltsgenehmigung. Jugendliche AsylbewerberInnen und Menschen ohne Aufenthaltsstatus genießen für die Dauer der Durchführung einer Bildungsmaßnahme oder der Ausbildung Abschiebungsschutz (vgl. Reuters 2015, S. 1).

Die materielle Lage von Geflüchteten ist geprägt von den Abschottungstendenzen der EU, die mit der restriktiven Gesetzgebung der Bundesrepublik Deutschlands von 1992 verwoben sind. Die Politik der BRD neigt zur Beschneidung der Geflüchteteneigenschaften, die einhergeht mit einer diffusen Meinungsmache der Mehrheitsgesellschaft, dass 'Fremde an unser Geld wollen' – Begriffe wie 'Asylschmarotzer' und 'Asylmissbrauch' werden immer noch gerne von Zeitungen aufgegriffen und thematisiert. Das Asylthema, welches zu einem 'echten' Überzeugungskonflikt hochstilisiert wurde, wird vor allem mit der Angst vor einer drohenden Überfremdung und einem unkontrollierten

Zuzug von Asylbewerbern verbunden. Es gibt jedoch auch eine immer größer werdende Bewegungen in der Gesellschaft, die Geflüchtete willkommen heißen und sich ehrenamtlich engagieren.

Die soziale Lage vor Ort ist für AsylbewerberInnen und De-Facto Geflüchteten je nach Bundesland und Kommune unterschiedlich und deshalb schwierig wiederzugeben. Es existieren teilweise Mindeststandards mit empfehlendem Charakter für Gemeinschaftsunterkünfte (vgl. Wendel 2014, S. 49ff). Die Gemeinschaftsunterkunft, in welche die AsylbewerberInnen i.d.R. ca. drei Monate nach ihrer Ankunft in der Erstaufnahmeeinrichtung weiterverteilt werden, muss dazu in der Lage sein, seine AsylbewerberInnen auch für einen längeren Zeitraum zu beherbergen. Für diesen Zeitraum besteht für jede/n AsylbewerberIn Residenzpflicht. Die konkrete Ausgestaltung und Art der Unterkunft obliegt der Gemeinde (vgl. Manns & Hecht 2005, S. 9). Die Länder erstatten den Kommunen für die Bereitstellung von Wohnraum einen von Bundesland zu Bundesland variierenden Pauschalbetrag pro Geflüchteten. Alles darüber hinaus muss von den Kommunen selbst getragen werden (vgl. Wendel 2014, S. 18-37).

In keinem Bundesland gibt es eine systematisch,

gesetzlich geregelte Heimaufsicht oder ein Zertifizierungssystem für Unterkünfte[27]. In diesem Kontext gibt es sich mehrende Berichte über mangelnden Wohnraum[28], fehlende Koch-, Reinigungs-, Wasch- und Trockengelegenheiten sowie über nicht ausreichend Sanitäranlagen, die an die Presse gelangen. Mangelnde Ausbildung von Sicherheitspersonal kann zu Machtmissbrauch führen (vgl. Wendel 2014, S. 47-51).

Solange das Verfahren eines/r Asylbewerbers/in läuft, hat dieser nach dem Asylbewerberleistungsgesetz Anspruch auf Sozialhilfe, welche 30% unter dem Existenz-sicherungsniveau lag. Das Bundesverfassungsgericht stellte 2012 fest, dass das Asylbewerberleistungsgesetz

---

[27] Der Ausländerbeauftragte Sachsen hat den sog. 'Heim-TÜV' entwickelt und bewertet seit 2010 die Heime einmal im Jahr nach selbst entwickelten Kriterien: http://www.landtag.sachsen.de/de/integration_migration/the men/6772.aspx#Heim-T%C3%9CV_2 [Stand: 23.07.2015].

[28] Aufgrund der Lebensbedingungen in Sammelunterkünften und der erreichten Aufnahmekapazitäten der Kommunen haben sich Initiativen und Projekte zur Aufnahme von Geflüchteten gebildet: Projekt, das Geflüchteten und StudentInnen gemeinsam Wohnraum zur Verfügung stellt: http://www.sueddeutsche.de/muenchen/projekt-fuer-studenten-und-fluechtlinge-eine-neue-art-von-wg-1.2464368 [Stand: 17.07.2015]; außerdem die Initiative 'Flüchtlinge willkommen!', die die Unterbringung von Geflüchteten in Wohngemeinschaften koordiniert und anleitet: http://support.fluechtlinge-willkommen.de/#zeit-spenden [Stand: 17.07.2015].

in den Einschränkungen des Existenzminimums für Asylsuchende oder Menschen mit ungesichertem Aufenthaltsstatus unzulässig sei, da es gegen die Menschenwürde verstößt (vgl. Münch 2014, S. 81). Die Sätze der Leistungen wurden ab Januar 2013 nach dem zweiten und zwölften Buch des Sozialgesetzbuches berechnet und liegen nun auf Höhe der Sätze des Arbeitslosengelds II (vgl. Schmidt 2014, S. 192). Asylberechtigte und Kontingentgeflüchtete haben uneingeschränkten Zugang zum Arbeitsmarkt und Anspruch auf Sozialleistungen. Subsidiär Schutzbedürftige haben ebenfalls Zugang zu den Leistungen, jedoch mit Einschränkungen. Auch De-Facto Geflüchtete fallen unter das Asylbewerberleistungsgesetz. Auf sie finden nach dem Ablauf von 4 Jahren die Regelungen des SGB X Anwendung, die nach mindestens einjährigem Aufenthalt im Falle einer Arbeitseinstellung um weitere Sozialleistungen (SGB III) aufgestockt werden (vgl. Bünte 2014, S. 230f). De-Facto Geflüchtete haben seit dem 11. November 2014 schon nach drei Monaten Zugang zum Arbeitsmarkt - das Inländerprimat entfällt für alle nach 15 Monaten Aufenthalt (vgl. GGUA 2014, S. 1).

Die meiste Unterstützung für AsylbewerberInnen wie „der notwendige Bedarf an Ernährung, Heizung, Kleidung,

Gesundheits- und Körperpflege sowie Gebrauchs- und Verbrauchsgütern des Haushalts" (Manns & Hecht 2005, S. 13) wird durch Sachleistungen gedeckt. Manche Bundesländer weichen jedoch von dieser Praxis ab und gewähren Geldzuwendungen (vgl. Bünte 2014, S. 230). Des Weiteren wird ein Taschengeld gewährt. Die Lebensmittelversorgung variiert je nach Aufnahmeeinrichtung: teils werden die Menschen durch eine stadteigene Küche mitversorgt, teils werden Essenspakete und Fertigmenüs ausgeteilt, die in Selbstkochstellen zubereiten werden können (vgl. Manns & Hecht 2005, S. 13).

AsylbewerberInnen wird ein beschränkter Zugang zum Gesundheitssystem gewährt. Sie werden bei ihrer Ankunft vom Gesundheitsamt untersucht, um ansteckende Krankheiten auszuschließen. Später ist ein Krankenschein vom Sozialamt notwendig, der die erforderliche ärztliche oder zahnärztliche Leistung einschließlich der medikamentösen Behandlung erlaubt (vgl. ebd., S. 14). Es gibt vor allem in Großstädten Initiativen, die Menschen ohne oder mit eingeschränktem Anspruch auf medizinische Versorgung kostenlos behandeln[29]. Psychotherapeutische Betreuung aufgrund von Traumatisierung oder erlittener Folter und Gewalt

---

[29] Sog. Medibueros:
http://medibueros.m-bient.com/standorte.html
[Stand: 18.07.2015].

werden von privat initiierten psychosozialen Behandlungszentren oder karitativen Organisationen geleistet, falls diese die entsprechenden Ressourcen aufwenden können und vor Ort sind[30]. Freie Träger und Organisationen übernehmen die Beratung und Betreuung[31] von Asylsuchenden und MigrantInnen. Die Vorgaben über soziale Betreuung und Beratung variieren je nach Bundesland. Das Anforderungsprofil beinhaltet das doppelte Mandat der Sozialen Arbeit, welches die Betreuung der Geflüchteten zum Zwecke der Anleitung zur Orientierung einerseits und die Ausführung des Kontrollmandats andererseits beinhaltet. Der

---

[30] Das Behandlungszentrum für Traumaopfer in Berlin behandelt online Erwachsene aus dem Mittleren Osten, die an posttraumatischen Belastungsstörungen leiden: http://www.bzfo.de/global/traumacenter.html [Stand 17.07.2015];
Bundesweite Arbeitsgemeinschaft psychosozialer Zentren für Flüchtlinge und Folteropfer e.V.: http://www.baff-zentren.org/ [Stand: 21.07.2015];
weiterführende Literatur: Zimmermann, David (2012): Migration und Trauma. Pädagogisches Verstehen und Handeln in der Arbeit mit jungen Flüchtlingen. Psychoanalytische Pädagogik, Bd. 38. Gießen: Psychosozial-Verlag.

[31] Die vernetzende Initiative Willkommenskultur Köln, die mit ehrenamtlich Engangierten und professionellen Beratungsstellen kooperiert, bietet einen Überblick der Beratungsstellen in Köln: http://wiku-koeln.de/fluechtlinge/fluechtlingspolitik/ [Stand: 17.07.2015].
Vervollständigt wird dies durch kostenlose Rechtsberatungen von Kölner JurastudentInnen in der Refugee Law Clinic http://lawcliniccologne.com/ [Stand: 17.07.2015] und dem Allerweltshaus http://www.allerweltshaus.de/ [Stand: 18.07.2015].

Betreuungsschlüssel variiert zwischen 1:150 und 1:95 BewohnerInnen, die betreut werden sollen (vgl. Wendel 2014, S. 75-79).

Ab einem dreimonatigen Aufenthalt wird Kindern[32] von Asylberechtigten oder -suchenden der Zugang zum allgemeinen Bildungssystem ermöglicht. Der Schulbesuch erfolgt an staatlichen Schulen, Vorbereitungsklassen werden teils von karitativen Organisationen angeboten (vgl. Manns & Hecht 2005, S. 14).

Seit 2008 gibt es beim BAMF einen Bearbeitungsstau, in dem jährlich weniger Fälle bearbeitet werden als

---

[32] Als besonders schutzbedürftig gelten unbegleitete minderjährige Geflüchtete. Für sie wurden eigene Aufnahme- und Betreuungsverfahren entwickelt. Weiterführende Literatur hierzu:
Hargasser, Brigitte (2014): Unbegleitete minderjährige Flüchtlinge. Sequentielle Traumatisierungsprozesse und die Aufgaben der Jugendhilfe. Frankfurt: Brandes & Apsel; Bundesfachverband Unbegleitete Minderjährige Flüchtlinge e.V. (Hrsg.) (2009): Standards für den Umgang mit unbegleiteten minderjährigen Flüchtlingen. Handlungsleitlinien zur Inobhutnahme gemäß § 42 SGB VIII, 4. überarbeitete Aufl.. http://www.fluechtlingsrat-brandenburg.de/wp-content/uploads/2011/10/handlungsleitfaden-4.auflage-2009.pdf [Stand: 08.07.2015];
Müller, Andreas (2013): Unbegleitete Minderjährige Flüchtlinge in Deutschland: Fokus-Studie der Deutschen Nationalen Kontaktstelle für das Europäische Migrationsnetzwerk (EMN). Referat 230. Nürnberg: Bundesamt für Migration und Flüchtlinge.

Neuanträge eingehen. Die Bearbeitungszeit beträgt dadurch durchschnittlich drei bis sieben Monate, die für den Asylsuchenden von Unsicherheit und Warten geprägt sind (vgl. Thränhardt 2014, S. 179). Die ausstehende Entscheidung verzögert den Zugang zum Arbeitsmarkt, zu Integrationsmaßnahmen und schränkt die Person in vielerlei Hinsicht ein.

4. Die Profession der Sozialen Arbeit und ihre Aufgabenstellung in den Bereichen Politik, Ökonomie, Recht und Soziales

Um nach systemischem Ansatz der Sozialen Arbeit als Profession auf die konkrete Situation von Geflüchteten Einfluss nehmen zu können, wurde ein umfassender Überblick über deren ganzheitliche Lage wiedergegeben. Welche Aufgabenstellung hat nun die Soziale Arbeit? Um diese Frage zu beantworten, wird im Folgenden der Begriff 'Soziale Arbeit' definiert, die Theoriebildung der Sozialen Arbeit als Menschenrechtsprofession umrissen, um dann, dieser nachgehend, konkrete Kritikpunkte in Bezug auf die Situation der Geflüchteten zu benennen und mögliche sozialpädagogische Ansätze für die Arbeit mit Geflüchteten vorzustellen.

4.1 Soziale Arbeit als Profession

Der deutsche Berufsverband für Soziale Arbeit e.V. (DBSH) definiert Soziale Arbeit als praxisorientierte Profession und wissenschaftliche Disziplin,

„deren Ziel die Förderung des sozialen Wandels, der sozialen Entwicklung und des sozialen Zusammenhalts sowie der Stärkung und Befreiung der Menschen ist. Die Prinzipien der sozialen Gerechtigkeit, die Menschenrechte, gemeinsame Verantwortung und die Achtung der Vielfalt bilden die Grundlagen der Sozialen Arbeit" (DBSH 2015, S1).

SozialarbeiterInnen bieten Hilfeleistungen oder das Bereitstellen von Wissen an (vgl. Thole 2012, S. 21). Sowohl die Art der Hilfeleistung als auch die AdressatInnen variieren und erweitern sich fortlaufend im Zuge gesellschaftlichen Wandels. Der Sozialen Arbeit fällt im Kern die Aufgabe zu, „Subjektive und Lebenswelten, die [sich] mit ihren eigenen Ressourcen, Lebenskrisen und Verunsicherungen nicht oder kaum aufzufangen vermögen, zu unterstützen und biografische

Verunsicherungen als Folge von Desintegration aufzufangen" (ebd., S. 54).

Die Profession der Sozialen Arbeit umfasst das „gesamte fachlich ausbuchstabierte Handlungssystem, also die berufliche Wirklichkeit eines Faches" (ebd., S. 21), das sowohl die Realität der SozialarbeiterInnen, als auch die von ihnen angebotenen Hilfs-, Beratungs- und Bildungsleistungen sowie die Strukturen von Sozialer Arbeit im Allgemeinen inkludiert (vgl. ebd.).

Das Berufsfeld der Sozialen Arbeit lässt sich in eine vielgliedrige und -gestaltete sozialpädagogische Praxislandschaft unterteilen. Dabei ist die Begriffsverwendung von Sozialer Arbeit abhängig von seinem Referenzrahmen. Nach Thomas Rauschenbach und Ivo Züchner reagiert die Soziale Arbeit, wenn man diese zu kategorisieren versucht, im Wesentlichen auf vier soziale Tatbestände: auf die 'Erziehungstatsache', auf 'soziale Probleme', auf 'Risiken der individuellen Lebensführung und der alltäglichen Lebensbewältigung' und auf die Frage der 'Bildung und Befähigung' (vgl. Rauschenbach & Züchner 2012, S. 169).

Referenzpunkt und Zugang dieser Arbeit sind die sozialen Probleme, die im Rahmen von Ungleichheiten in Bezug auf Geflüchtete systemübergreifend lokalisiert werden sollen. Bei diesem Ansatzpunkt stehen soziale

Ungleichheiten, Armut, Fragen der Integration und Desintegration sowie der Inklusion und Exklusion als auch soziale Abweichungen im Mittelpunkt (vgl. Rauschenbach & Züchner 2012, S. 169). Einerseits werden hierbei die soziale bzw. ökonomische Lage des Adressaten und mit ihr die materielle Not und ihre soziale Bewältigung in den Fokus gerückt, andererseits wird konzeptionell an der Aufgabe der Sozialen Arbeit, „weltweit an der Durchsetzung der Menschenrechte mitzuwirken" (Thole 2012, S. 42), gearbeitet.

Die Theorieentwicklung der Sozialen Arbeit muss im Hinblick auf ihre inhaltlichen Ebenen, ihre Gegenstandsbestimmung und ihr Wissenschaftsverständnis als nicht abgeschlossen bewertet werden. Ihre Theorien lassen sich jedoch aufeinander beziehen und in ein Verhältnis zueinander setzen (vgl. Rauschenbach & Züchner 2012, S. 171).

4.2 Soziale Arbeit als Menschenrechtsprofession

Silvia Staub-Bernasconi (2007) unternimmt den Versuch einer umfassenden Theoriebildung der Sozialen Arbeit als normative, handlungswissenschaftliche Disziplin, die nicht nur auf der handlungstheoretischen, sondern auch auf der metatheoretischen, objekttheoretischen, ethischen und allgemein erklärenden handlungstheoretischen Ebene angelegt ist (vgl. Staub-Bernasconi 2007, S. 158). Ihr Ansatz lässt sich am besten durch die Nennung der drei Paradigmen zusammenfassen, die sie zum Ausgangspunkt ihrer metatheoretischen Vorüberlegung macht: Atomismus, Holismus und Systemismus. Sie stellt die atomistische/individualistische und holistische Hypothese auf Mikro- und Makroebene ergänzend in Bezug zueinander und kann somit, so ihre These, ihre jeweiligen Schwachstellen ausgleichen. Bei atomistischer Betrachtung steht das Individuum als kleinste Einheit im Mittelpunkt, während nach dem holistischen Ansatz aus makroperspektivischer Sicht die Gesellschaft als Ganzes und ihr Funktionieren im Zentrum stehen. Der systemische Ansatz geht davon aus, dass alles, was existiert, ein System oder ein Teil eines Systems oder Interaktionsfeldes abbildet. Die Systeme sind miteinander in Verbindung: so konstruiert sich jedes Individuum seine Welt und steht innerhalb unterschiedlicher Systeme in aktivem Austausch mit seiner Umwelt (vgl.ebd., S. 160f).

Jeder Handlungswissenschaft liegen auf objekttheoretischer Ebene implizite Annahmen, wie z.B. die Frage nach dem Menschen- und Gesellschaftsbild, zugrunde. Dementsprechend kombiniert der systemische den individualistischen mit dem holistischen Ansatz: beim individualistischen Ansatzes ist das Individuum Zentrum der Analyse. Menschen sind „individuelle Sinn-, Freiheits- und/oder Nutzenmaximierer" (ebd., S.169) mit entsprechenden Autonomie-, Freiheits- und Unverwechselbarkeitsbedürfnissen, die sie auf eigenbestimmte Weise zu befriedigen versuchen. Die Bedürfnisse sind biologischer, psychischer und sozialer Art, wobei einige davon elastisch und andere unelastisch sind, also sofortiger Befriedigung bedürfen. „Menschliches Wohlbefinden entsteht dann, wenn die meisten Bedürfnisse (nicht die grenzenlosen Wünsche) befriedigt sind oder für die nicht befriedigten andere kompensatorisch befriedigt werden können" (ebd., S. 173). Nach soziozentrisch-holististischem Paradigma sind Menschen nur Funktionsträger, die Aufgaben zur Erhaltung von Ganzheit übernehmen, da diese Schutz, Orientierung und Produktivität sichern, solange der Mensch sich den Kontrollinstanzen der Ganzheit unterordnet. Nach systemischem Paradigma schließlich sind Menschen psychobiologische Systeme, die psychische, soziale und kulturelle Gegebenheiten aufgrund ihrer Erkenntnis- und Handlungskompetenzen entwickeln und neu gestalten können. Die Gesellschaft hat die Aufgabe, einen positiv begrenzenden Rahmen zu schaffen, in dem Individuen ihre Bedürfnisse befriedigen und sich entsprechend entfalten können (vgl. ebd., S. 168ff).

Auf der ethischen Ebene verbindet der systemische Ansatz die selbstbestimmten individualistischen Werte mit den holistischen Solidar- und Gerechtigkeitswerten: individuelle und soziale Werte bedingen einander (vgl. Staub-Bernasconi 2007, S.189ff). Die Allgemeine Erklärung der Menschenrechte ist ein Versuch, beide Rechte zum Ausdruck zu bringen.

Silvia Staub-Bernasconi (2007) vertritt die Annahme, dass Soziale Arbeit als Profession dann auf handlungstheoretischer Ebene gefordert ist, wenn soziale Probleme durch unbefriedigte Bedürfnisse aufgrund ungerechter Ressourcenverteilung und Machtmissbrauch entstehen. Dies kann durch vielfältige praktische Handlungsansätze geschehen (vgl. z.B. ebd., S. 272-286). Jeder Mensch hat Anspruch auf die Erfüllung seiner Grundbedürfnisse als „verdienstlose Legitimationsbasis für eine egalitäre Verteilung" (ebd., S. 383), und dies sowohl hinsichtlich körperlicher, sozioökonomischer und sozioökologischer Bedürfnisse. Das Ziel der geforderten Ressourcenerschließung ist die Gleichstellung von Individuen, Familien und gesellschaftlichen Gruppen (vgl. ebd., S. 273f; 298f; 383f).

Der Profession der Sozialen Arbeit wohnt ein doppeltes Mandat von Kontrolle und Hilfe/ Bildung inne. Sie bedient eine Vermittlungsfunktion zwischen Individuum und Gesellschaft, indem sie sowohl Hilfe leistet als auch eine Kontrollfunktion ausübt. Der staatliche Umgang mit Geflüchteten im Rahmen einer Abschreckungspolitik fordert das am Geflüchteten bedürfnisorientierte Hilfsangebot eines/r SozialarbeiterIn heraus. Diese antagonistischen Bezüge werden daher von Silvia Staub-Bernasconi um ein drittes Mandat ergänzt, welches sich aus transdisziplinären Arbeitsweisen und Methoden zusammensetzt, die unabhängig von Auftragsinstanzen agieren, und auf dem das ethische Selbstverständnis der Sozialen Arbeit als Menschenrechtsprofession basiert (vgl. ebd., S. 198-202). Der gesellschafts- und sozialpolitische Auftrag der Sozialen Arbeit als Menschenrechtsprofession ist also die Ausübung von „innovative[r] Kritik an staatlichen, sozialen und gesellschaftlichen Prozessen und Strukturen und zugleich Förderung sozialer Gerechtigkeit" (Mührel & Röh 2013, S. 90). Die Soziale Arbeit als Menschenrechtsprofession wird im Folgenden auf den spezifischen Fall der Arbeit mit Geflüchteten angewandt.

4.2.1 Die Aufgabenstellung der Sozialen Arbeit mit Geflüchteten: Kritik üben

Silvia Staub-Bernasconi (2012) sieht es als Aufgabe der Sozialen Arbeit an, soziale Probleme im umfassenden Kontext von gesellschaftlichen Positionen zu betrachten und zu lösen. Soziale Probleme individueller Art treten überall dort auf, wo Bedürfnisse aufgrund zu geringer oder fehlenden ökonomischer Ausstattungen, Handlungskompetenzen oder fehlender sozialer Mitgliedschaften nicht befriedigt werden können. Im Zusammenhang mit sozialen Interaktionsfeldern und Systemen ergeben sich soziale Probleme aus unfairen Ressourcenverteilungs-, Arbeitsteilungs-, Verfahrens- oder Sanktionsregeln, fehlenden Austauschbeziehungen zwischen Individuen in Bezug auf Intimität, Ressourcen, Kompetenzen etc. oder willkürlichen Legitimations- mustern in Bezug auf Regeln der Machtverteilung oder -ausübung (vgl. Staub-Bernasconi 2012, S. 272).

Die Probleme sind die verallgemeinernden Missstände, die vom angestrebten Soll-Zustand, der Anwendung der Allgemeinen Menschenrechte, abweichen. Der erste Artikel der Allgemeinen Erklärung der Menschenrechte besagt, dass „Alle Menschen [...] frei und gleich an Würde und Rechten geboren [sind]. Sie sind mit Vernunft und Gewissen begabt und sollen einander im Geiste der Brüderlichkeit begegnen" (Vereinte Nationen 1948, S. 1).

Auf diesem Recht baut der systemische Ansatz der Sozialen Arbeit als Menschenrechtsprofession auf: „Soziale Ordnungs-, Solidar-, Gerechtigkeitswerte und Sozialrechte ermöglichen die Befreiung von Elend, Armut, Unwissenheit, sozialer Benachteiligung zu aktiver, frei gewählter Partizipation und gesellschaftlicher Mitgestaltung" (Staub-Bernasconi 2012, S. 274).

Mit diesem Maßstab vor Augen werden nun exemplarisch Problemstellen in der Arbeit mit Geflüchteten aufgezeigt.

4.2.1.1 Kritik auf ökonomischer Ebene

Die Vorstellung, dass Migration grundsätzlich kontrolliert und reguliert werden müsse, ist eine „Konstitution eines Souveräns als 'Volk', das als sesshaft imaginiert wird, wodurch Mobilität zu einem sozialpolitischen Vektor wird" (Karakayali 2008, S. 251). Der Staat ist die Voraussetzung dafür, dass Arbeitskraft als Ware konstruiert wird und er organisiert auch die Territorialisierung des Arbeitsmarktes. Geflüchtete sind auf dem Arbeitsmarkt, aufgrund des nachrangigen Arbeitszugangs, überwiegend im unteren

Beschäftigungssektor, wie Gastronomie, Gebäude-reinigungs- und Taxigewerbe, tätig: sie arbeiten teilweise nach Tarif und weisen zu beträchtlichen Anteilen ein hohes Qualifikationsniveau auf, das in Deutschland jedoch meist nicht anerkannt wird (vgl. Kühne 2009, S. 256ff). Die biopolitische Regulierung der Arbeitskraft und des Arbeitsmarktes wird als normal konstruiert: Konkurrenz von migrantischen Arbeitskräften wird als 'Schmutzkonkurrenz' angesehen und ihre Ablehnung im mittleren Lohnsektor als legitim erachtet. Das Abstrakt 'Migration' verhindert, wie bereits in Kapitel 3.1 erarbeitet, eine Neuzusammensetzung von Gruppen und wirkt diskriminierend. Max Frischs bekannter Ausruf: „Wir riefen Arbeitskräfte, es kamen Menschen" verweist auf die Grenzen des keynesianischen Wohlfahrtsstaates: die Ware Arbeitskraft ist nicht kontrollierbar, MigrantInnen als Träger der Ware Arbeitskraft lassen sich nicht auf letztere reduzieren. Der Mensch ist nicht ein homo oeconomicus (vgl. Karakayali 2008, S. 151). Dies hat man teilweise erkannt, sodass beispielsweise in den 70er Jahren die Familien der ArbeiterInnen nachziehen durften, - der klassische Arbeitsmigrant wird jedoch auch heute noch in erster Linie als solcher konstruiert.

4.2.1.2 Kritik auf internationaler Ebene

Wirtschaftliche Faktoren haben im Asylrecht eine politische Ausgrenzungsfunktion, wie das Stigma 'Wirtschaftsflüchtling' zeigt (vgl. Marx 1984, S. 83). Die Zusammenhänge zwischen wirtschaftlicher und politischer Repression wurden bislang nicht ausreichend untersucht. Man könnte die Verletzung sozialer und wirtschaftlicher Menschenrechte durch transnationale Unternehmen, die ihre ArbeitnehmerInnen in manchen Ländern zu menschenunwürdigen Bedingungen beschäftigen und Löhne unterhalb des Existenzniveaus auszahlen, relativ leicht nachweisen. Diese Unternehmen können rechtlich dafür jedoch nicht zur Verantwortung gezogen werden, da die Ausbeutung mit einer zusammenhängenden innerstaatlichen Unterdrückung einhergeht. Politische Unterdrückung ist in wirtschaftlich schwachen Ländern vorrangig ökonomisch motiviert und weist unterschiedlich starke Verbindungen zu ökonomischen und politischen Systemen in 'westlichen' Ländern auf (vgl. ebd., S. 87-90). Diese Repressionsspirale sollte nicht unberücksichtigt bleiben, denn hieraus ergibt sich die Notwendigkeit der sozialen Verantwortung, die die Herstellung gerechter Verhältnisse durch soziale und politische Partizipation fordert.

4.2.1.3 Kritik auf nationalstaatlich-konstruierter Ebene

Das Passwesen und die damit einhergehende Nationalisierung sind vom Nationalstaat konstruiert und vollziehen sich territorial durch rechtliche, sprachliche, kulturelle und ideologische Homogenisierung. Durch die nationalstaatliche Nichtzugehörigkeit wurde der Status 'illegal' kreiert und erfolgt aufgrund des 'labeling approach', „nach dem Handlungen stets nachträglich als kriminell oder nicht-kriminell gelabelt werden und dies nicht 'an sich' sind" (Karakayali 2008, S. 31). Kein Mensch ist per se illegal:

„Ihr sollt wissen, dass kein Mensch illegal ist. Das ist ein Widerspruch in sich. Menschen können schön sein oder noch schöner. Sie können gerecht sein oder ungerecht. Aber illegal? Wie kann ein Mensch illegal sein?" (Wiesel 1993, S. 18).

Dies läuft dem Postulat der Gleichheit zuwider, wird aber dennoch vom Staat als migrationssteuernde Maßnahme wahrgenommen.

4.2.1.4 Kritik auf rechtlicher Ebene

Menschenrechte haben die Aufgabe, Individuen vor Übergriffen der Gemeinschaft zu bewahren. Gleichzeitig ist das Ziel der Rechtsnormen, sowohl die

Gemeinschaft als auch Individuen zu schützen, sodass zwischen Recht und Menschenrecht kein Gegensatz besteht (vgl. Marx 1984, S. 33).

Nach Artikel 16 Absatz 2 Satz 2 des GG genießen politisch Verfolgte in der BRD ein Grundrecht auf Asyl. Die rechtliche Wirksamkeit dieses Grundrechtsschutzes hängt von der juristischen Definition ab, da die Verfassung den Begriff des 'politisch Verfolgten' ebenso wenig definiert wie der § 1 des Asylverfahrensgesetzes. Das Gesetz bezieht sich zwar auf das internationale Abkommen zur Rechtsstellung der Geflüchteten von 1951 (Genfer Flüchtlingskonvention), der Begriff ist dennoch vage. Das verfassungstheoretische Problem, das sich daraus hieraus ergibt, ist auch heute noch im Asylrecht noch aktuell.

In einem Territorialstaat mit monopolisierter Staatsgewalt zielen alle staatlichen Maßnahmen auf die Erhaltung dieser Gewalt ab. Objektiv sind menschenrechts- und rechtsstaatswidrige Maßnahmen dann nicht asylbegründend, wenn sie nicht den Zielen des Staates zur Erhaltung seiner Macht dienen. Erst subjektive Interessen, wie z.B. die Motivation, ein demokratisch-menschenrechtliches Gepräge zu haben, rücken laut Theorie des Staates asylgewährende Maßnahmen in den Fokus (vgl. Marx 1984, S. 46f). Die Definitionsbreite des

Rechtsbegriffs und der politische Spielraum haben praktische Auswirkung auf die Umsetzung des Rechts. Dies wird sich auch beim Blick auf die Entwicklung der Rechtslage von Geflüchteten in Deutschland zeigen: „Die Ideologisierung des Asylrechts nach systempolitischen Kriterien kann nur durch eine menschenrechtliche dogmatische Begrenzung des asylspezifischen Politikbegriffs verhindert werden" (ebd., S. 230).

Geflüchtete müssen per Definition politisch verfolgt werden, um in die Kategorie des Geflüchteten zu gehören. Meist sind es jedoch multiple Gründe, die mit einer politischen, aber auch sozialen Bedrohung einhergehen. Demnach lassen sich viele Verfolgungstatbestände – bis hin zum organisierten Massenmord – nicht dem klassischen Begriff der Verfolgung zuordnen, da man diesen sonst ins Unermessliche ausdehnen müsse, so Reinhard Marx (1984). Der Begriff 'politisch Verfolgter' bildet demnach die Wirklichkeit inadäquat ab. An dieser Stellte droht die internationale Lage in das innerstaatliche Verfassungsrecht einzubrechen und grundrechtliche Schutzräume aufzulösen, da soziale und politische Fluchtursachen nicht auseinanderzudividieren und neuartige politische Repressionen juristisch nicht fassbar seien (vgl. ebd., S. 57). Daraus folgen die begriffliche

Einengung des Individualschutzes und die Aufhebung politischer Rechte. Grundrechte können also in „Reaktion auf sich zuspitzende soziale Krisen [...] durch begriffliche Verengung des grundrechtlich geschützten Personenkreises eingeschränkt werden" (Marx 1984, S. 57). Wenn beispielsweise Menschen im Libanon in einem der Geflüchtetenlager erfrieren, ist dies eine 'Folge einer allgemeinen Krise' und somit nicht durch das entsprechende Asylrecht gedeckt. An dieser Stelle wird häufig (zynisch) darauf verwiesen, dass wohl eher Saddam Hussein als politischer Geflüchteter anerkannt worden wäre, da er individuell verfolgt wurde, als dass das Kollektiv der von Saddam Hussein verfolgten Kurden Geflüchtetenstatus bekämen (vgl. Tremmel 1993, S. 105). Die rechtliche Linie zwischen politischer und sozialer Verfolgung liegt in der 'Zumutbarkeitsformel', die besagt, dass gute Gründe zur Flucht dann vorliegen, wenn es dem Geflüchteten nicht zumutbar ist, in seinem Heimatland zu bleiben (vgl. Marx 1984, S. 58). Der rechtliche Anknüpfungspunkt ist hier jedoch nicht die subjektive Not des Geflüchteten, sondern das Gutachten des zuständigen Richters. Zwar sind nach Bundesverwaltungsgericht Bedrohung an Leib, Leben oder Freiheit immer als Verfolgung zu verstehen, diese muss jedoch, damit es sich um eine Rechtsverletzung nach der Genfer Flüchtlingskonvention handelt, politisch motiviert sein und vom Staat oder von herrschenden staatlichen Akteuren ausgehen. Dies nachzuweisen gestaltet sich schwierig (vgl. § 3c AsylVfG).

Zusammenfassend lässt sich sagen, dass moderne Geflüchtetenbewegungen nicht unbedingt durch den Rechtsbegriff eines 'politischen' Geflüchteten abgedeckt werden. Die wenigsten Asylsuchenden erleiden Verfolgung, wie sie beispielsweise nach klassischer Form bei politischen Gegnern des NS-Regimes zu finden war. Ein Geflüchteter muss also möglichst politisch individuell verfolgt werden und darf nicht aus ökonomischen, sozialen oder ökologischen Gründen auf der Flucht sein. Das Geflüchtetenrecht geht von sehr speziellen Fällen der Verfolgung aus:

„Die sehr europäische Frage, ob jemand z.B. ein 'echter' Flüchtling ist, reduziert sich letztlich darauf, ob die Person glaubhaft zu machen versteht, daß (sic!) sie den Kriterien entspricht, die die europäische Seite ihren jeweiligen Definitionen von akzeptablen Zuwanderungsgruppen unterlegt hat – ob diese Kriterien bei der persönlichen Migrationsmotivation nun tatsächlich im Vordergrund standen oder nicht" (Bade 2000, S. 451).

Diese Auslegung untergräbt das Recht auf Asyl gemäß der Allgemeinen Erklärung der Menschenrechte, genauso wie der Asylkompromiss.

4.2.1.5 Kritik auf politischer Ebene

Der europäische Gerichtshof für Menschenrechte (EGMR) und der Gerichtshof der europäischen Union (EuGH) halten eine Änderung der aktuellen deutschen Drittstaatenregelung aus menschenrechtlicher Sicht für unumgänglich. Man könne nicht davon ausgehen, dass ein Drittstaat unwiderlegbar sicher sei – beispielhaft wird hierfür die menschenunwürdige Lage für Asylsuchende in Griechenland angeführt. Die Gesetzesgebung ist zwar noch aktuell, Asylsuchende haben jedoch seit Mai 2013 bei einem entsprechenden Ablehnungsbescheid eine Woche Zeit Rechtsschutzmittel einzulegen (vgl. Cremer 2013, S. 13f).

4.2.1.6 Kritik auf europäischer Ebene

Mit der Einführung des Gemeinsamen Europäischen Asylsystems (GEAS), das 2013 verabschiedet wurde und bis 2015 bei allen Mitgliedsstaaten implementiert sein sollte, wurden allgemeine Richtlinien entworfen, anhand derer das Asylverfahren verkürzt und der Umgang mit AsylbewerberInnen (Verfahrensverlauf, Unterbringung, Zugang zum Arbeitsmarkt, Integrationsmaßnahmen) europaweit standardisiert werden sollte (vgl. Senge 2015, S. 22f). Dies geht einher mit gemeinschaftlich beschlossenen Maßnahmen. Dazu zählen die Qualifikationsrichtlinie[33],

„die einheitlich definiert, wer als Flüchtling gilt, die Aufnahmerichtlinie, die die Standards für Aufnahme, Unterbringung und Versorgung von Asylbewerbern festlegt, sowie die Asyl-verfahrensrichtlinie[34], die den Verfahrensablauf, Fristen und die Rechte des Flüchtlings im Verfahren konkretisiert" (Senge 2015, S. 23f).

Hierdurch sollen die verschiedenen Anerkennungsquoten der einzelnen Länder, die sich nach Herkunfts- und Antragsland richten, ausgeglichen und die menschenrechtliche Mindestversorgung in allen Mitgliedsstaaten gewährleisten werden. Dies sind gute Maßnahmen, die zwar beschlossen, bis dato jedoch noch nicht umgesetzt worden sind.

'Das Memorandum für ein gerechtes und solidarisches System der Verantwortlichkeit' ist ein

---

[33] Weiterführende Literatur zur Qualifikationsrichtlinie: Hager, Nina Friederike (2013): Zur Neufassung der Aufnahmerichtlinie. IN: Informationsbund Asyl & Migration e.V. (Hrsg.): Neuregelungen im EU-Flüchtlingsrecht. Die wichtigsten Änderungen bei Richtlinien und Verordnungen. Beilage zum Asylmagazin 7-8/2013. Berlin: Haus der Demokratie und Menschenrechte, S. 13-20.

[34] Weiterführende Literatur zur Asylverfahrensrichtlinie: Vilmar, Frankziska (2013): Die Neufassung der Asylverfahrensrichtlinie. Verhindern die nationalen Ausnahmen ein einheitliches europäisches Asylverfahren? In: Informationsbund Asyl & Migration e.V. (Hrsg.): Neuregelungen im EU-Flüchtlingsrecht. Die wichtigsten Änderungen bei Richtlinien und Verordnungen. Beilage zum Asylmagazin 7-8/2013. Berlin: Haus der Demokratie und Menschenrechte, S. 21-28.

breites deutsches Bündnis von ProAsyl, der Diakonie Deutschland, dem Paritätischen Wohlfahrtsverband, der Arbeiterwohlfahrt (AWO), dem Jesuiten Flüchtlingsdienst, dem Deutschen Anwaltverein und der Neuen Richtervereinigung, das für eine Bedürfnisorientierung am Geflüchteten plädiert und sich für die freie Auswahl eines Mitgliedstaates einsetzt, in dem Geflüchtete ihren Asylantrag stellen können. Sie setzen sich für eine gelebte Verantwortungsverteilung der Geflüchteten in Europa ein und kritisieren damit die Dublin-Abkommen, da sie zu massiven Menschenrechtsverletzungen führen. Das Gemeinsame Europäische Asylsystem (GEAS) müsse, so die Forderung des Bündnisses, wirkliche Lastenverteilung im Sinne haben[35]. Außerdem solle man sich an den Bedürfnissen der Geflüchteten orientieren und bereits bestehende Verbindungen und Netzwerke berücksichtigen, dem Geflüchteten die Wahl lassen, wo er einen Asylantrag stellen möchte, und die Anerkennungsquoten und Standards bei den Aufnahmebedingungen von Geflüchteten reell angleichen (vgl. Deutscher Anwaltverein, AWO & Diakonie Deutschland et al. (Hrsg.) 2013, S. 3-7).

---

[35] Eine erste Lastenverteilung von 54.760 Geflüchteten wurde von den EU-Staaten jüngst beschlossen: http://www.tagesschau.de/ausland/fluechtlinge-sondertreffen-101.html [Stand: 20.07.2015].

An den europäischen Außengrenzen[36] kommt es nach Berichten von Amnesty International regelmäßig zu Menschenrechtsverletzungen: Frontex wohnt seit 2007 ein mobiles Soforteinsatzteam inne, das von EU-Grenzstaaten bei Bedarf angefordert werden kann. Ihnen wird die Initiierung sogenannter 'Push-Back Aktionen' vorgeworfen, bei denen Geflüchtetenboote ohne Prüfung des Schutzbedarfs in internationale Gewässer zurückgetrieben werden, um zu verhindern, dass die Boote europäisches Land erreichen. Auch wird vom mutwilligen Versenken solcher Boote und unterlassener Hilfeleistungen bei Geflüchtetenbooten in Not berichtet. Die Gewalt geht von Beamten der EU-Staaten oder Sicherheitsbeamten von Frontex aus, die von der EU freie Handlungsmacht bekommen haben. Dieses Verhalten ist völkerrechtswidrig und läuft menschenrechtlichen Standards zuwider (vgl. Heck 2008, S. 90; Amnesty International 2014, S. 22ff).

---

[36] Ein Überblick der Todesfälle und Seenotsrettungsaktionen an den EU-Außengrenzen von 2014: http://www.bpb.de/gesellschaft/migration/newsletter/195076/flucht-nach-europa [Stand: 12.07.2015]. Des weiteren ein sehr gutes Interview mit Hagen Kopp (Begründer des bundesweiten Netzwerks 'kein mensch ist illegal' und Entwickler des transnationalen Projekts 'Watch the Med' zur aktuellen Entwicklung auf See: https://www.medico.de/frontex-steht-mit-dem-ruecken-zur-wand-16113/ [Stand: 20.07.2015].

Die Menschenrechte werden in Deutschland auf sozialer Ebene formal erfüllt: Geflüchteten – zumindest denen als solche anerkannten - wird ein menschenwürdiges Leben gewährt. Dennoch werden Gesetzgebungen, die die Implementierung der Allgemeinen Menschenrechte gewährleisten sollen, in der Umsetzung teilweise ausgehöhlt. Einige Punkte seien hier genannt.

Der Artikel 3 der Allgemeinen Erklärung der Menschenrechte garantiert jeder Person das Recht auf Leben, Freiheit und Sicherheit (vgl. Vereinte Nationen 1948, S. 3). Die verbalen und physischen Gewaltübergriffe gegenüber Geflüchteten und ihren Unterkünften sind seit dem Jahr 2013 um 100% angestiegen, wobei die mediale, polemische und politisch-parteiliche Berichterstattung maßgeblich dazu beigetragen hat (vgl. SWR 2014, S.1). Dies wird hier als eine Gefahr der Menschenrechtsverletzung markiert.

Die Residenzpflicht, die sowohl orts- als auch unterkunftsgebunden bestehen kann, verstößt gegen Art. 13 der Allgemeinen Menschenrechte, der Bewegungs- und Aufenthaltsfreiheit für jeden Menschen einfordert (vgl. Vereinte Nationen 1948, S. 3). Diese wurde zwar offiziell am 01.01.2015 aufgehoben, bleibt jedoch mindestens für die ersten drei Monate für jeden/r AsylbewerberIn und in vielen Fällen, z.B. für Kontingent- und De-Facto Geflüchtete, bestehen (vgl. Caritasverband für die Stadt Köln e.V. 2014, S. 12).

Jeder Mensch hat das Recht auf ein gleichberechtigtes und chancengleiches Leben, das Partizipation beinhaltet (vgl. Vereinte Nationen 1949, S. 1 Art.1; S. 5, Art 22). Die oft dezentral gelegenen und von der Nachbarschaft abgeschotteten Sammelunterkünfte können Teilhabe stark einschränken. Überbelegte und überlastete Unterkünfte lassen wenig Privatsphäre zu und zwingen SozialarbeiterInnen vor Ort ausschließlich als kontrollierende und organisierende Instanz zu agieren (vgl. Kölner Stadtanzeiger 2015, S.1). Die gängige Praxis von regelmäßigen Zimmer- und Anwesenheitskontrollen von denen Geflüchtete berichten, wird als massiver Eingriff in die Privatsphäre empfunden und verstößt damit gegen Artikel 12 (vgl. ebd., S. 3).

Die hygienischen Bedingungen sind vor allem in Notaufnahmestellen „miserabel" (Kölner Stadtanzeiger 2015, S. 1). Das Recht auf einen Lebensstandard, der nach Art. 25 der Allgemeinen Menschenrechte Gesundheit und Wohl gewährleistet, ist lediglich auf eine Grundversorgung bei akuten Erkrankungen und Schmerzzuständen beschränkt. Die Einschätzung dieser wird von BeamtInnen des Sozialamtes vorgenommen (vgl. Bünte 2014, S. 230).

Illegalisierte haben per Gesetz grundlegende Rechte. Diese werden jedoch aus Angst oder aus Unwissenheit nicht geltend gemacht und können in massiven Ausbeutungsverhältnissen münden. ArbeitnehmerInnen ohne gültige Aufenthalts- und Arbeitserlaubnis gehen z.B. meist davon aus, dass sie keinerlei rechtlichen Schutz haben. Es besteht in Deutschland jedoch unabhängig vom Aufenthaltsstatus Anspruch auf Lohn für geleistete Arbeit, der beim zuständigen Arbeitsgericht einklagbar ist, da Arbeitsgerichte nicht zur Ermittlung des Aufenthaltsstatus verpflichtet sind (vgl. Heck 2008, S. 111). Auch haben Menschen ohne oder mit abgelaufenen Papieren zwar formal nach Artikel 26 der Menschenrechtserklärung das Anrecht auf Bildung, sind aber immer der Gefahr ausgesetzt entdeckt zu werden (vgl. ebd., S. 112). Es gibt des weiteren Kitas und Schulen, die Kinder ohne Papiere annehmen, da sie 2011 von der Meldepflicht dieser entbunden wurden, dennoch ist die Angst aufzufallen seitens Illegalisierter groß.

Die Schulpflicht, die für Kinder und Jugendliche mit sicherem oder unsicheren Aufenthaltsstatus zwischen 6 bis 16 Jahren besteht, wurde in den letzten Jahren aufgrund von Mängeln bei der schulischen Versorgung nicht immer gewährleistet (vgl. Caritasverband für die Stadt Köln e.V. 2014, S. 25). Menschen im laufenden

Asyl-verfahren oder mit Duldungsstatus haben kein Recht auf integrationsfördernde Maßnahmen wie Sprachkurse. Diese Menschenrechtsverletzung versuchen karikative Verbände, Kirchengemeinden und Privatinitiativen aufzufangen (vgl. ebd., S. 22)[37]. Einmalig in der Geschichte ist das Pilotprojekt eines Berliner Studenten, der die erste Universität weltweit für StudentInnen ohne Papiere gegründet hat (vgl. Kressler 2015, S. 1).

4.2.2 Die Aufgabenstellung der Sozialen Arbeit mit Geflüchteten: Förderung von sozialer Gerechtigkeit

Die Kritik anhand des Maßstabs der Allgemeinen Erklärung der Menschenrechte wurde benannt. Nun folgen spezifische handlungstheoretische Ansätze, die gerechte Ressourcenverteilung und die Förderung von sozialer Gerechtigkeit zum Ziel haben. Die Soziale Arbeit als Menschenrechtsprofession vertritt den Ansatz von 'equality of capabilities', also der fairen Verteilung realer Möglichkeiten zur Verwirklichung individueller

---

[37] Zum Beispiel http://www.fluechtlingszentrum.de/ [Stand: 25.07.2015]; http://www.deutschlandfunk.de/sprachunterricht-studenten-bringen-fluechtlingen-deutsch-bei.680.de.html?dram:article_id=306513 [Stand: 25.07.2015] oder http://bildung.koeln.de [Stand: 25.07.2015].

Lebenspläne und folgt damit der Gerechtigkeitsphilosophie von Martha Nussbaum. Sie entwickelt den Fähigkeiten-Ansatz, der von der Politik fordert, Voraussetzungen zu schaffen, die es jedem Menschen ermöglichen, ein gutes menschliches Leben zu wählen und zu führen (vgl. Mührel & Röh 2013, S. 104f).

„Das hieße für die Soziale Arbeit, dass die materiellen wie immateriellen Lebensbedingungen als sozio-ökonomische und sozio-ökologische Faktoren auf die Lebensbewältigung bzw. Lebensführung als Potentiale oder Limitierungen wirken und bei Gefährdung zu sichern sind" (ebd., S. 105).

Damit dies Anwendung in der Arbeit mit Geflüchteten finden kann, entstand unter Anwendung des sozialräumlichen und lebensweltorientierten Ansatzes innerhalb der emanzipatorischen Geflüchtetensozialarbeit das sogenannte '3A Konzept'. Dieses steht für die Schlagwörter 'Advocacy', 'Autonomie' und 'Akzeptanz. Es ist möglich, auf diesem Konzept viele Ansätze der Pädagogik anzuwenden, doch können im Folgenden nur eine Auswahl von ihnen vorgestellt werden. Die Liste ist beliebig erweiterbar.

4.2.2.1 Förderung von sozialer Gerechtigkeit durch das Advocacy-Konzept

'Advocacy' steht für die Anwaltsfunktion der/s Sozialarbeiters/in als Stimme für diejenigen, die nicht die

Chance bekommen, ihre Bedürfnisse zu artikulieren. Hier wird der Fokus auf eine prozessorientierte Vermittlungstätigkeit gesetzt, die auf Emanzipationschancen von Geflüchteten und Handlungsspielräume der Geflüchtetensozialarbeit als solcher ausgerichtet ist. Hier kann die Soziale Arbeit genannten Kritikpunkten auf allen Ebenen entgegenwirken. Der Einsatz für eine bessere Ressourcenverteilung und Partizipation kann auf praktischer lebensnaher, sowie auf gesellschaftlicher oder politischer Ebene für den Schutzsuchenden geschehen. Dabei wird politischer Handlungsbedarf in Form kritischer Solidarität explizit angestrebt (vgl. Han-Broich 2012, S. 176f).

4.2.2.2 Förderung von sozialer Gerechtigkeit durch das Autonomie-Konzept

'Autonomie' bedeutet Hilfe zur Selbsthilfe, also die „Förderung von Prozessen zur Befreiung der Flüchtlinge aus behördlicher und betreuerischer Unmündigkeit und [sie] schließt die Förderung jeder Form von Selbsthilfe ein" (Han-Broich 2012, S. 177).

Wie kann das konkret geschehen?

Die Problematik des politischen Diskurses besteht darin, dass Geflüchtete selbst politisch nicht repräsentiert werden und ihnen keine Handlungsmacht zukommt, insofern sie kein Kollektiv bilden. Dieser Ohnmacht zu begegnen ist eine Aufgabe der Sozialen Arbeit. Durch Beratung und Weitergabe von Informationen können Asylsuchende ermächtigt werden, ihr Leben selbst in die Hände zu nehmen. Diese Bevollmächtigung wird Empowerment genannt und bedeutet wörtlich übersetzt „Selbstbefähigung", „Selbstbemächtigung" und „Stärkung von Eigenmacht und Autonomie" (Herriger 2014, S. 13). Empowerment lässt sich definieren als

„eine veränderte helfende Praxis, deren Ziel es ist, die Menschen zur Entdeckung ihrer eigenen [...] Stärken zu ermutigen, ihre Fähigkeiten zu Selbstbestimmung und Selbstveränderung zu stärken und sie bei der Suche nach Lebensräumen und Lebenszukünften zu unterstützen, die einen Zugewinn an Autonomie, sozialer Teilhabe und eigenbestimmter Lebensregie versprechen" (ebd., S. 7).

Der Empowerment-Diskurs ist vielfältig. Grob kann man ihn in vier verschiedene Zugänge einteilen: Empowerment lässt sich politisch, lebensweltlich, reflexiv und transitiv definieren. Gemeint ist damit zunächst das Umverteilen von politischer Macht im Kontext von Bürgerrechtsbewegungen oder sozialen Emanzipationsbewegungen, in denen Menschen für ihre eigenen oder die Rechte anderer eintreten. Das lebensweltlich buchstabierte Empowerment stellt eine „gelingende Mikropolitik des Alltags" (ebd., S. 15) in ihren Mittelpunkt und fördert die autonome Lebensform durch die Selbstorganisation von Menschen. Hierauf bezieht sich auch der reflexive Zugang von Empowerment, der im reflexiven Sinne „einen selbstinitiierten und eigengesteuerten Prozeß der (Wieder-)Herstellung von Lebenssouveränität auf der Ebene der Alltagsbeziehungen wie auch auf der Ebene der politischen Teilhabe" (Herriger 2014, S. 16) bezeichnet. Der transitive Diskurs beschäftigt sich ganzheitlich mit Menschen im Berufsfeld der Sozialen Arbeit, die ihren KlientInnen Hilfestellung zu einem selbstbestimmten Leben leisten. Handlungsziel hierbei ist es, die MitarbeiterInnen darin anzuleiten, ihren KlientInnen Ressourcen für ein gelingendes Lebensmanagement zur Verfügung zu stellen (vgl. ebd., S. 17).

Der Empowerment-Ansatz, wird als kollektiver Prozess der Selbstaneignung von politischer Macht angesehen. Beispiel hierfür sind die civil-rights-movements in den USA in den 60er Jahren, aber auch Friedens- und Frauenbewegungen, die für die Dekonstruktion von Machtungleichheiten eintreten. Dabei stehen die Mobilisierung von Ressourcen und eine Unterstützung, die autonome und solidarische Selbstorganisation zum Ziel hat, im Mittelpunkt der Hilfestellung. Dies zieht eine politikwirksame Selbstvertretung nach sich (vgl. ebd., S.19f). Angewendet auf Geflüchtete bedeutet dies, dass ein Kollektiv konstruiert werden muss, um ihnen zu einer Stimme zu verhelfen. Geflüchtete in Deutschland fühlen sich nicht selten wie Menschen zweiter Klasse (vgl. Yalla-Connect 2015, S.1). Aufgabe der Sozialen Arbeit ist es, hier ein Sprachrohr zu sein und Bestrebungen zur Stärkung der Eigenmacht zu unterstützen. Dies geschah in jüngster Vergangenheit durch politische Gruppierungen und Solidartitätsbekundungen - meist als Reaktion auf die jüngsten islam- und ausländerfeindlichen Märsche in Leipzig, Dresden, Düsseldorf, Berlin und Köln, wobei sich u.a. in München, Dresden, Berlin und Hamburg Gegenproteste formiert haben, in denen Geflüchtete selbst zu Wort kamen (vgl. Dresden stellt sich Quer 2015, S. 1). Protest gegen herrschende Missstände formiert sich hier vor allem transnational und breitet sich über Netzwerke aus[38]. Soziale Bewegungen und die Profession der Sozialen Arbeit überkreuzen sich hier im Idealfall und fließen in eine solidarische Professionalität des Helfens (vgl. Herriger 2014, S. 34-38). Alle Empowerment-Ansätze können hier Anwendung finden.

---

[38] Wie z.B. in europaweiten Protestmärschen: http://www.wort.lu/de/lokales/freiheitsmarsch-wir-sind-der-abschaum-der-gesellschaft-53909a1ab9b39887080312f8 [Stand: 03.07.2015], wo AsylbewerberInnen und illegalisierte Menschen ohne Papiere für die Abschaffung des Residenzpflicht protestierten – die Residenzpflicht wurde in Deutschland am 01.01.2015 abgeschafft.

Sie münden in verschiedene Profile von professioneller Identität eines/r Sozialarbeiters/In: Biographie-Arbeit (Stärkung von Selbstwert, Identität und Selbstbewusstsein), Wegbereitung (Aufzeigen von Wegen aus erlernter Hilfslosigkeit), politischer Aktivismus (sowohl Mobilisierung von in gleicher Weise betroffenen Menschen, als auch Schaffung von Aufmerksamkeit und Einsatz für Verteilungsgerechtigkeit) und Sozialreform (Partizipation von BürgerInnen an Entscheidungsprozessen, die ihre personale und soziale Lebenswelt betreffen) (vgl. Herriger 2014, S. 229-236).

4.2.2.3 Förderung von sozialer Gerechtigkeit durch das Akzeptanz-Konzept

'Akzeptanz' meint die Erkenntnis, dass Geflüchtetensozialarbeit sich hauptsächlich mit dem Umfeld befassen muss, um ein gesellschaftliches Bewusstsein für Ursachen und Folgen von Migrations- und Geflüchtetenprozessen zu schaffen. Die Förderung von Akzeptanz, ein zivilisierten Umgangs miteinander und der Abbau von Vorurteilen, Diskriminierung und Rassismus sind hier von zentraler Bedeutung. Interkulturelle Vermittlung ist einer der Schwerpunkte der Sozialgeflüchtetenarbeit und äußert sich in

Öffentlichkeitsarbeit gegenüber der einheimischen Bevölkerung, z.B. durch Informationsveranstaltungen, Kulturfestivals oder Kontaktschließungen (vgl. Han-Broich 2012, S. 178f).

Dies kann konkret mit folgenden Ansätzen umgesetzt werden:

Es gilt durch differenzierte Wissensvermittlung in der Bevölkerung allgemeine Vorurteile abzubauen. Hier sei ein Beispiel genannt: Wenn bei einer Ablehnungsquote von fast 70 % [Stand 2014] von Asylgesuchen der Bevölkerung suggeriert wird, dass eine überwiegende Mehrheit der Asylsuchenden nicht aus Not immigriere, sondern 'Schmarotzer' seien und dies in Verbindung mit der Höhe der Anzahl von Asylgesuchen gesetzt wird, können diese Informationen zu einer Stigmatisierung aller Asylsuchenden führen und fremdenfeindliche Tendenzen schüren (vgl. BAMF 2015, S. 9; Holzer & Schneider 2002, S. 72). Wie kann man solchen Vorwürfen begegnen? Die pauschale Ablehnung von Asylgesuchen [35,2%; Stand 2014] aufgrund vorgegebener Quoten und der Dublin-Abkommen führt zu den sogenannten 'unechten Geflüchteten', „die primär einen Asylantrag gestellt hätten, um sich in der westlichen Welt zu bereichern" (Holzer & Schneider 2002, S. 19). Dazu lässt sich einwenden, dass ein verschwindend geringer Anteil von Geflüchteten aus den ärmsten Ländern der Welt kommt, insofern ist diese Argumentation faktisch nicht richtig. Vielmehr kommen überproportionale Geflüchtetenkontingente aus Ländern, in denen Menschenrechte systematisch verletzt werden (vgl. ebd., S. 25). Vergleicht man die Anerkennungsquote mit denen der anderen EU-Länder, stellt man fest, dass in Ländern wie Norwegen, Schweden, Schweiz, Belgien und Österreich, zwar zahlenmäßig weniger Asylgesuche gestellt werden, sie aber weit mehr Geflüchtete im Verhältnis zu ihrer Bevölkerungsanzahl anerkennen und aufnehmen (vgl. Thränhardt 2014, S. 179).

Es gilt also differenziertes Wissen als Vorstufe zur Akzeptanz weiterzugeben. Auch muss Ängsten in der Bevölkerung begegnet werden; es sprechen sich vor allem Menschen gegen Geflüchtete aus, die in Asylsuchenden eine potenzielle Konkurrenz auf dem Arbeitsmarkt sehen (vgl. Holzer & Schneider 2002, S. 46). Aber auch werden allgemeine diffuse Ängste geschürt, um über Ausschließungs- und Ausgrenzungsprozesse die Identität des Nationalstaates zu wahren. Die

„Verlagerung in Richtung Ordnung, Kriminalisierung und Strafe beginnt mit und wird deutlich in den Dramatisierungsdiskursen über die vermeintliche Zunahme von (Jugend-)Gewalt, über (Jugend-/Ausländer-)Kriminalität oder über 'gefährliche Klassen', die sich aus den Populationen der Armen, Arbeitslosen und Bildungsbenachteiligten rekrutieren" (vgl. Bettiner 2012, S. 350).

Diese Diskurse resultieren aus neoliberalen Gesellschaftssystemen und haben den Ausschluss 'überflüssiger', 'aktivierungsresistenter' Menschen, die man einer permanenten misstrauischen Kontrolle unterwirft, zum Ziel. Der Kontrollapparat fokussiert sich dabei vor allem auf Menschen, die nicht dem Anforderungsprofil entsprechen und die neoliberale Ordnung zerstören würden (vgl. ebd.). Es wird ein Zusammenhang zwischen Kriminalisierung und Unterprivilegierung bzw. Herkunft hergestellt, welcher das betroffene Subjekt selbst verschuldet haben soll. Dies kann man auch auf Geflüchtete im Generellen, auf jeden Fall aber auf Illegalisierte beziehen. SozialarbeiterInnen sind aufgefordert, solche herrschaftslegitimierenden Wirklichkeitsproduktionen aufzuzeigen, zu analysieren und sich für die Durchsetzung der Wahrheit einzusetzen. Denn nur so ist es möglich, kontinuierlich sich reproduzierende Machtverhältnisse zu skandalisieren und zu thematisieren und sich als politische Akteure an der Gestaltung des Sozialen zu beteiligen (vgl. ebd., S. 352).

Eine weitere sozialpädagogische Antwort auf Fremdenfeindlichkeit und Ausgrenzungsmechanismen ist seit den 1980er Jahren die interkulturelle Pädagogik. Diese löst als Erziehungs- und Bildungsaufgabe, kombiniert mit dem Gedanken der 'multikulturellen Gesellschaft', den Ansatz der integrationsbemühten Ausländerpädagogik ab. Interkulturelle Erziehung ist soziales und gesellschaftliches Lernen, das zum Nachdenken anregen soll. Sie geht davon aus, dass Kulturen dynamisch sind und sich wandeln können. Die Prämissen für interkulturelles Lernen sind die Koexistenz der Kulturen, sowie der Kulturvergleich und Anti-rassismus. Diese Modelle gehen mit spezifischen Ziel-setzungen und Werkzeugen einher und bedingen sich gegenseitig (vgl. Marschke 2014, S. 81f). Das Modell des Antirassismus soll für alltägliche Diskriminierung und institutionellen Rassismus sensibilisieren und Gerechtigkeit erreichen. „Im Mittelpunkt steht das Aufbrechen der feindseligen, rassistischen und ethnozentrischen Haltung der Mehrheitskultur gegenüber Minderheitenkulturen" (ebd., S. 82). Die Werkzeuge des Ansatzes sind das Aufzeigen von Vorurteilen sowie die Veränderung bestehender Strukturen. Die Gleichwertigkeit aller Kulturen schließt alle Menschen in einen Dialog ein (vgl. ebd. 81f). Das Modell des Kultur-vergleichs hat die Vermittlung von Wissen über andere Kulturen zum Inhalt. Auf informativer Ebene werden Personen angeleitet, Identitäten zu erfassen und zu reflektieren. Die Koexistenz der Kulturen beinhaltet die Wahrnehmung von Machtstrukturen und -asymmetrien (vgl. Marschke 2014, S.82f). Das partizipative Diversity-Modell ist eine Reaktion auf die globalisierte und vernetzte Welt und der wachsenden Inter- und Multi-kulturalität. Es tritt für die gegenseitige Anerkennung von Minderheits- und Mehrheitsgesellschaft ein, wobei Vielfalt die Leitkategorie bildet und Teilhabe und Chancengleichheit zum Ziel hat (vgl. ebd., S. 84f).

Der multikulturelle oder interkulturelle Ansatz wird dafür kritisiert, dass er den Menschen nur als KulturträgerIn sieht und ihn darüber ausgrenzt: der Mensch wird in seiner Individualität auf ein Kulturmerkmal reduziert. Die faktische Begrenztheit der interkulturellen Konzeption läuft der Vorstellung von Gleichheit und Gerechtigkeit zuwider (vgl. Vahsen & Tan 2012, S. 570). Der Fokus sollte demnach nicht auf der Unterschiedlichkeit von Menschen in Bezug auf ihre Herkunft liegen, sondern vielmehr auf fehlende Gleichberechtigung oder Armut gerichtet sein. Die Initiation des interkulturellen Blickwechsels ist für Menschen ohne Migrationshintergrund horizont-erweiternd. Auch kann interkulturelle Pädagogik MigrantInnen eine Orientierungshilfe geben, indem sie kulturelle Muster jenseits von Stigmatisierungen und stereotypen Zuschreibungen erklärt. Die Aufgabe der interkulturellen Pädagogik in der Sozialen Arbeit ist es, auf System- und Soziallagenzuweisungen durch Institutionen wie Ämter und Schulen aufmerksam zu machen, um so Marginalisierungserfahrungen für MigrantInnen und damit auch Geflüchtete zu minimieren. Die interkulturelle Soziale Arbeit bewegt sich auf einer gesellschaftstheoretischen Ebene, deren Verantwortung es ist, Ambivalenzen zu erkennen und das Missverhältnis von Mehrheit zu Minderheit zu thematisieren (vgl. ebd., S. 573ff). Interkulturelle Kompetenz wird also aus Sensibilisierung, Wissensaneignung, Wahrnehmung und gelebter Wertschätzung konstituiert und kann seine Anwendung überall dort finden, wo Menschen verschiedener Herkünfte aufeinandertreffen. Das Ehrenamt[39] ist in diesem Kontext von nicht zu unterschätzender Bedeutung und macht außerdem einen großen Teil der derzeitigen Geflüchtetenarbeit aus. Im Ehrenamt tätige Menschen sind als MultiplikatorInnen anzusehen, da sie ihre Erfahrungen mit dem 'Fremden' an ihre Umgebung weitergeben und damit das Gesellschaftsbild maßgeblich mitgestalten können.

---

[39] Informativer Zeitungsartikel, der einen Überblick über die Einsatzmöglichkeiten von Ehrenamtlichen in Köln gibt: http://www.ksta.de/koeln/fluechtlinge-in-koeln-so-kann-man-fluechtlingen-helfen,15187530,29549310.html [Stand: 25.07.2015].

In dem 3A Konzept können alle in dieser Arbeit genannten Kritikpunkte und notwendigen sozialpädagogischen Ansätze unter den Schlagwörtern 'Advocacy', 'Autonomie' und 'Akzeptanz' gebündelt werden: Aufgrund der Anwaltsfunktion kann ein bereichsübergreifendes Engagement in Form kritischer Solidarität abgeleitet werden. Dies erfordert Handlungsbedarf in allen Bereichen, in denen es für Geflüchtete zu Ungleichheiten kommt bzw. wo Geflüchteten der Zugang zu notwendigen Ressourcen vorenthalten wird. Der Gedanke angestrebter Autonomie ist auf Hilfen in Form von Mobilisierung von Geflüchteten gerichtet, mit dem Ziel einer autonomen, selbstbestimmten Selbstorganisation. Mit dem Konzept der Akzeptanz begegnet man dem Umfeld, um das Bewusstsein für Ursachen und Folgen von Migrations- und Geflüchtetenprozessen zu schaffen. Hier gilt es zu informieren, Ängsten zu begegnen, Vorurteile und rassistisches Gedankengut abzubauen und konstruierte Kriminalisierungsprozesse als solche zu enttarnen[40].

---

[40] Ein Beispiel für die Umsetzung des 3A Konzepts ist die Arbeit des Kölner Flüchtlingsrates, der mit den Schwerpunkten Geflüchtetenpolitik, Beratung, Bildung und Selbstorganisation von Geflüchteten agiert: http://koelner-fluechtlingsrat.de [Stand: 26.07.2015].

5. Fazit und Ausblick

Die Profession der Sozialen Arbeit basiert auf den Prinzipien der sozialen Gerechtigkeit, den Menschenrechten und der sich daraus ergebenden gemeinsamen Verantwortung füreinander. Der Referenzpunkt Sozialer Arbeit bei Geflüchteten sind die sozialen Probleme, die sich vor allem durch Ungleichheiten charakterisieren lassen. Nach dem handlungswissenschaftstheoretischen Ansatz von Silvia Staub-Bernasconi hat jeder Mensch eine Reihe von Bedürfnissen, wobei das Erfüllen der Grundbedürfnisse ein Grundrecht für jeden Menschen ist. Die grundlegenden immateriellen und materiellen Lebensbedingungen und damit einhergehenden Chancen eines jeden Menschen wirken als Potentiale oder Einschränkungen. Einschränkungen gehen meist mit ungerechter Ressourcenverteilung und Machtmissbrauch einher. Hier setzt die Soziale Arbeit als Menschenrechtsprofession an: sie soll sich, wie in der vorliegenden Arbeit angewendet, unabhängig von Auftragsinstanzen auf Basis der Allgemeinen Menschenrechte ein Bild der gesellschaftlichen Lage machen, um dann Kritik an sozialen, staatlichen und gesellschaftlichen Prozessen zu üben mit dem Ziel der Förderung von sozialer Gerechtigkeit.

Bezogen auf die Lage von Geflüchteten in Deutschland ergibt sich ein vielfältiger Problembezug: Der Rechtsbegriff des 'politisch Verfolgten' ist juristisch nicht näher definiert und bedarf einer Auslegung. Die politische Gesetzgebung und rechtliche Lesart unterwandert das Asylrecht und wird seit Anfang der 70er Jahre genutzt, um die Zahl der aufnehmenden Geflüchteten aus ökonomischen Gründen gering zu halten. Dafür spricht u.a. die Grundgesetzänderung von 1992 und die außeneuropäische Gesamtentwicklung. Der Ausdruck der 'Festung Europas' ist dabei richtig und falsch zugleich: einerseits gibt es Abschottungsmaßnahmen und kaum legale Wege, um in die EU-Staaten - und damit nach Deutschland – zu kommen, andererseits ist die EU offen für privilegierte Minderheiten, Familiennachzug und für Fachkräfte- und Bildungswanderung. Deutschland markiert sein Machtverhältnis und die damit einhergehende Manifestation von Ungleichheit vor allem auf zweierlei Weise: erstens durch die Ausgrenzung von Geflüchteten an den Außengrenzen der EU, wovon vor allem Geflüchtete betroffen sind, die ohne Prüfung ihres Anrechts auf Asyl in ihr Herkunftsland oder einen sicheren Drittstaat zurückgewiesen werden, sowie dem Illegalisieren jeglicher Zuwanderungsbewegung jenseits der ausdrücklich Erwünschten; Asylberechtigte sind gezwungen zunächst illegal nach Deutschland einzureisen, um ein Asylgesuch stellen zu können. Die damit einhergehende Kriminalisierung betrifft folglich jede/n MigrantIn. Zweitens manifestiert der Staat sein Machtverhältnis durch die Zuweisung von Nationalstaatszugehörigkeit innerhalb Deutschlands, die in Deutschland lebende Menschen in BürgerInnen und BürgerInnen mit Migrationshintergrund einteilt. Dies geht einher mit Diskriminierungen, die in dieser Arbeit nur in Bezug auf den Arbeitsmarkt angerissen werden konnten. Die Situation von Geflüchteten ist in Deutschland insofern schwierig, da sie in die untergeordnete Kategorie des/r MigrantIn fallen, der erst einmal kein BürgerInnenstatus zuerkannt wird. Der Staat attestiert nur sehr zögerlich Schutzbedarf und schränkt damit den Individualschutz von Geflüchteten stark ein. Dies löst Schutzräume auf, die mit abnehmender Rechtssicherheit und zunehmender Ungleichheit einhergehen.

Bezogen auf die Förderungsprozesse von sozialer Gerechtigkeit, die Geflüchteten in Deutschland zu Gute kommen sollen, ergeben sich vielfältige pädagogischen Handlungsansätze:

die größten Herausforderungen im Umgang mit Geflüchteten sind, insofern sie als solche anerkannt werden, grundlegende Versorgungslücken und mangelnde Möglichkeiten der Partizipation aufgrund rechtlicher, gesellschaftlicher, organisatorischer, finanzieller oder sprachlicher Umstände. Hier kann ganz pragmatisch durch das Bereitstellen von Hilfsgütern und der individuellen Zuwendung zu einem jedem einzelnen Geflüchteten, aber auch durch dezidierte Aufklärungsarbeit im gesellschaftlichen oder nachbarschaftlichen Kontext, sowie der sozialräumlichen Vernetzung und dem Einbezug von Nachbarn, Kirchengemeinden und Akteuren vor Ort Partizipationschancen gefördert werden. Als Beispiel eines handlungstheoretischen Ansatz dient das 3A Konzept, das die drei Handlungsfelder in der Arbeit mit Geflüchteten abdeckt und die Förderung von sozialer Gerechtigkeit zum Handlungsziel hat: die Anwaltsfunktion, die Förderung von Autonomiebestrebungen und der Einsatz für Akzeptanz in geographischer Umgebung und Gesellschaft.

Die vorliegende Arbeit endet an dieser Stelle mit vielen offenen Fragen: Wird dieser handlungs- wissenschaftliche Ansatz der Sozialen Arbeit als Menschenrechtsprofession durchgängig in der Arbeit mit Geflüchteten angewendet? Wie sieht die Anwendung im konkreten Fall aus? Wie sieht der Integrationsprozess von der Bearbeitung des Asylantrages bis hin zu einer unbefristeten Niederlassungserlaubnis aus? Wie gestaltet sich der Übergang von der unbefristeten Niederlassungserlaubnis zu der deutschen Staatsbürgerschaft?

Außerdem wurden einige Problemstellung thematisch nicht angerissen, wie z.B. die derzeitige Abschiebepraxis und die damit einhergehende Kriminalisierung, die auch eine Form der Menschenrechtsverletzung ist. Bis zu welchem Grad Menschen das Recht auf Asyl durch Abschottungsmaßnahmen abgesprochen werden kann, Menschen folglich durch fehlende legale Einreisemöglichkeit auf dem gefährlichen Weg nach Europa sterben und ab wann etwas dagegen getan werden muss. Des Weiteren wurde nur über die Problemlage von Geflüchteten im Allgemeinen gesprochen. Es fehlt der Blick auf konkrete Einzelfälle, deren kategorische Betrachtung jedoch aufgrund der Vielzahl von Ausnahmeregelungen problematisch wäre. Der Fokus, der bei der Geflüchtetensozialarbeit auf dem besonderen Schutzbedarf von unbegleiteten minderjährigen Geflüchteten liegt, ist in der vorliegenden Arbeit unbehandelt geblieben. Die konkrete Erarbeitung der Definition des Gerechtigkeits- und des Menschenrechtsbegriffes stehen noch aus, da sie in dieser Arbeit mit dem Manifest der Erklärung der Allgemeinen Menschenrechte als gegeben angenommen wurden.

Die Geflüchtetenpolitik ist durch das Verhandeln von Macht bestimmt und muss unbedingt in diesem Spannungsfeld gesehen werden. Die Geflüchtetenarbeit ist auch von diesen Aushandlungsprozessen in Form von Rollenkonflikten im Rahmen des doppelten Mandats betroffen und muss diese immer wieder kritisch reflektieren. Die Aufgabenstellung der Sozialen Arbeit besteht darin, innerhalb dieser beiden Aushandlungsprozesse den Fokus aller Beteiligten auf die Schutzbedürftigkeit von Menschen zu richten, die aus Not und Verfolgung flohen. Durch angewandte Solidaritäts- und Gerechtigkeitswerte auf Basis der Erklärung der Allgemeinen Menschenrechte müssen umfassende Partizipationsprozesse in den Bereichen Politik, Ökonomie, Recht und Soziales angestrebt werden.

6. Literaturverzeichnis

Bade, Klaus J. (2000): Europa in Bewegung. Migration vom späten 18. Jahrhundert bis zur Gegenwart. München: Verlag C.H. Beck.

Bade, Klaus J. & Rat für Migration e.V. (Hrsg.) (2001): Integration und Illegalität in Deutschland, 1. Aufl. Osnabrück: Institut für Migrationsforschung und Interkulturelle Studien (IMIS).

Bettinger, Frank (2012): Soziale Arbeit und Sozialpolitik. In: Thole, Werner (Hrsg.): Grundriss Soziale Arbeit. Ein einführendes Handbuch. 4. Aufl. Wiesbaden: VS Verlag für Sozialwissenschaften, S. 345-354.

Bünte, Rudolf (2014): Asyl und Arbeitsmarkt – zur sozialen Lagen von Asylbewerbern. In: Luft, Stefan & Schimany, Peter (Hrsg.): 20 Jahre Asylkompromiss. Bilanz und Perspektiven. Bielefeld: transcript Verlag, S. 219-237.

Castles, Stephen & Miller, Mark J. (2009): The Age of Migration International Population Movements in the Modern World. 4th edition. Hampshire: plagrave macmillan.

Cremer, Hendrik (2013): Die Asyldebatte in Deutschland: 20 Jahre nach dem „Asylkompromiss". Tübingen: Deutsches Institut für Menschenrechte.

Cyrus, Norbert (2008): Soziale Unterstützung für Wanderarbeiterinnen und Wanderarbeiter. Eine Aufgabe der Sozialen Arbeit in Deutschland. In: Homfeldt, Hans Günther/ Schröer, Wolfgang & Schweppe, Cornelia (Hrsg.) Soziale Arbeit und Transnationalität. Herausforderungen eines spannungsreichen Bezugs. Weinheim und München: Juventa Verlag, S. 81-96.

Finotelli, Claudia (2007): Illegale Einwanderung, Geflüchtetenmigration und das Ende des Nord-Süd-Mythos. Zur funktionalen Äquivalenz des deutschen und des italienischen Einwanderungsregimes. Berlin: LIT-Verlag.

Foucault, Michel (1985): Der Wille zum Wissen. Sexualität und Wahrheit 1. 1. Aufl. Frankfurt am Main: Suhrkamp Verlag.

Fritz, Florian & Groner, Frank (Hrsg.) (2004): Wartesaal Deutschland. Ein Handbuch für die Soziale Arbeit mit Flüchtlingen. Stuttgart: Lucius & Lucius Verlagsgesellschaft mbH.

Han-Broich, Misun (2010): Ehrenamt und Integration. Die Bedeutung sozialen Engagements in der (Flüchtlings-) Sozialarbeit. Wiesbaden: Springer Verlag.

Haustein, Sebastian/ Kühne, Friederike/ Renner, Bastian & Berkenbusch, Anna (Hrsg.) (2008): Geschlossene Gesellschaft. Halle: Hochschule für Kunst und Design in Kooperation mit dem Kölner Netzwerk: kein mensch ist illegal.

Heck, Gerda (2008). 'Illegale Einwanderung'. Eine umkämpfte Konstruktion in Deutschland und den USA. Münster: UNRAST-Verlag.

Herbert, Ulrich (2014): 'Asylpolitik im Rauch der Brandsätze' – der zeitgeschichtliche Kontext: In: Luft, Stefan & Schimany, Peter (Hrsg.): 20 Jahre Asylkompromiss. Bilanz und Perspektiven. Bielefeld: transcript Verlag, S. 87-104.

Herriger, Norbert (2014): Empowerment in der Sozialen Arbeit. Eine Einführung. 5. Aufl. Stuttgart: Verlag W. Kohlhammer.

Hiller, Klaus (2006). Herausforderungen und Problemlagen bei konkreten Ermittlungsverfahren – Handlungserfordernisse – im Bereich Menschenhandel. Herbsttagung des Bundeskriminalamts vom 14.-16. November 2006 unter dem Thema: Illegale Migration – Gesellschaften und polizeiliche Handlungsfelder im Wandel. o.O.: veröffentlicht auf CD-Rom.

Holzer, Thomas & Schneider, Gerald (2002): Asylpolitik auf Abwegen. Nationalstaatliche und europäische Reaktionen auf die Globalisierung der Flüchtlingsströme. Opladen: Verlag Leske + Budrich.

Karakayali, Serhat (2008): Gespenster der Migration. Zur Genealogie illegaler Einwanderung in der Bundesrepublik Deutschland. Bielefeld: transcript Verlag.

Keßler, Stefan (2013): Einleitung: Das Gemeinsame Europäische Asylsystem. In: Informationsbund Asyl & Migration e.V. (Hrsg.): Neuregelungen im EU-Flüchtlingsrecht. Die wichtigsten Änderungen bei Richtlinien und

Verordnungen. Beilage zum Asylmagazin 7-8/2013. Berlin: Haus der Demokratie und Menschenrechte, S. 1-6.

Kühne, Peter (2009): Flüchtlinge und der deutsche Arbeitsmarkt. Dauernde staatliche Integrationsverweigerung. In: Butterwegge, Christoph & Hentges, Gudrun (Hrsg.): Zuwanderung im Zeichen der Globalisierung. Migrations-, Integrations- und Minderheitenpolitik. 4.Aufl. Wiesbaden: VS Verlag für Sozialwissenschaften, S. 253-268.

Luft, Stefan & Schimany, Peter (Hrsg.) (2014): Asylpolitik im Wandel. In: Luft, Stefan & Schminay, Peter (Hrsg.): 20 Jahre Asylkompromiss. Bilanz und Perspektiven. Bielefeld: transcript Verlag, S. 11-32.

Marschke, Britte (2014): Interkulturelle Arbeit zwischen Anspruch und Wirklichkeit. In: Marschke, Britta & Brinkann, Heinz Ulrich (Hrsg.): Handbuch Migrationsarbeit. 2. Aufl. Wiesbaden: Springer VS, S. 79-92.

Münch, Ursula (2014): Asylpolitik in Deutschland – Akteure, Interessen, Strategien In: Luft, Stefan & Schimany,

Peter (Hrsg.): 20 Jahre Asyl-kompromiss. Bilanz und Perspektiven. Bielefeld: transcript Verlag, S. 68-86.

Mührel, Eric & Röh, Dieter (2013): Menschenrechte als Bezugsrahmen Sozialer Arbeit. Eine kritische Explikation der ethisch-anthropo-logischen, fachwissenschaftlichen und sozial-philosophischen Grundlagen. In: Mührer, Eric & Birgmeier, Bernd (Hrsg.): Menschenrechte und Demokratie. Perspektiven für die Entwicklung der Sozialen Arbeit als Profession und wissenschaftliche Disziplin. Wiesbaden: Springer VS, S. 89-110.

Marx, Reinhard (1984): Eine menschenrechtliche Begründung des Asylrechts: rechtstheoretische und dogmatische Untersuchung zum Politikbegriff im Asylrecht. Baden-Baden: Nomos-Verlagsgesellschaft.

Prantl, Heribert (2015): Im Namen der Menschlichkeit. Rettet die Flüchtlinge! Berlin: Ullstein Buchverlage GmbH.

Rauschenbach, Thomas & Züchner, Ivo (2012): Theorie der Sozialen Arbeit. In: Thole, Werner (Hrsg.): Grundriss

Soziale Arbeit. Ein einführendes Handbuch. 4. Aufl. Wiesbaden: VS Verlag für Sozialwissenschaften, S. 151- 174.

Samers, Michael (2010): Migration. London: Routlegde.

Sassen, Saskia (2000): Machtbeben. Wohin führt die Globalisierung? Stuttgart München: Deutsche Verlags-Anstalt.

Scherrer, Christoph & Kunze, Caren (2011): Globalisierung. Göttingen: Vandenhoeck & Ruprecht GmbH & Co. KG.

Schimany, Peter (2014): Asylmigration nach Deutschland. In: Luft, Stefan & Schimany, Peter (Hrsg.): 20 Jahre Asylkompromiss. Bilanz und Perspektiven. Bielefeld: transcript Verlag, S. 33- 66.

Schmidt, Manfred (2014): Das Bundesamt für Migration und Flüchtlinge und der Wandel des Asylrechts. In: Luft, Stefan & Schimany, Peter (Hrsg.): 20 Jahre Asylkompromiss. Bilanz und Perspektiven. Bielefeld: transcript Verlag, S. 187- 200.

Schwenken, Helen (2006): Rechtlos, aber nicht ohne Stimme. Politische Mobilisierungen um irreguläre Migration in die Europäische Union. Bielefeld: transcript Verlag.

Senge, Katharina (2015): Wer hat hier die Verantwortung? Modelle und Perspektiven europäischer Flüchtlingspolitik. In: KAS Auslandsinformationen. Migration und Flüchtlinge. 2/3 2015. Konrad Adenauer Stiftung, S. 10-30.

Staub-Bernasconi, Silvia (2007): Soziale Arbeit als Handlungswissenschaft. Bern, Stuttgart, Wien: Haupt Berne Verlag.

Thole, Werner (Hrsg.) (2012): Die Soziale Arbeit – Praxis, Theorie, Forschung und Ausbildung. Versuch einer Standortbestimmung. In: Thole, Werner (Hrsg.): Grundriss Soziale Arbeit. Ein einführendes Handbuch. 4. Aufl. Wiesbaden: VS Verlag für Sozialwissenschaften, S. 19-72.

Thränhardt, Prof. Dr. Dietrich (2014): Europäische Abschottung und deutscher Asylstau: Gibt es Wege aus dem Dilemma? In: ZAR Zeitschrift für Ausländerrecht und Ausländerpolitik, 34. Jg., S. 177-212.

Tremmel, Hans (1992): Grundrecht Asyl. Die Antwort der christlichen Sozialethik. Freiburg, Basel, Wien: Herder Verlag.

Vahsen, Friedhelm G. & Tan, Darsan (2012): Migration, Interkulturelle Pädagogik, Soziale Arbeit. In: Thole, Werner (Hrsg.): Grundriss Soziale Arbeit. Ein einführendes Handbuch. 4. Aufl. Wiesbaden: VS Verlag für Sozialwissenschaften, S. 569-580.

Westermann, Sophie (2009): Irreguläre Migration – ist der Nationalstaat überfordert? Staatliches Regieren auf dem Prüfstand. Marburg: Tectum Verlag.

Wiesel, Elie (1993): Der Flüchtling. In: Just, Wolf-Dieter (Hrsg.): Asyl von unten. Kirchenasyl und ziviler Ungehorsam – Ein Ratgeber. Hamburg: Rowohlt Taschenbuch Verlag GmbH, S. 8-29.

Internetquellen:

Amnesty International (2014): The Human Cost Of Fortress Europe. Human Rights Violations Against Migrants and Refugees At Europe's Borders. London: Amnesty International Ltd. Online im Internet: http://www.amnesty-.eu/content/assets/Reports/EUR_050012014__Fortress_Europe_complete_web_EN.pdf vom 12.07.2015.

AsylVfG - Asylverfahrensgesetz:

Ausfertigungsdatum: 26.06.1992 in der Fassung der Bekanntmachung vom 2. September 2008 (BGBl. I S. 1798), das zuletzt durch Artikel 2 des Gesetzes vom 23. Dezember 2014 (BGBl. I S. 2439) geändert worden ist. Online im Internet: http://www.gesetze-im-internet.de/asylvfg_1992/BJNR111260992.html vom 02.05.2015.

AsylbLG - Asylbewerberleistungsgesetz:

Ausfertigungsdatum: 30.06.1993 in der Fassung der Bekanntmachung vom 5. August 1997 (BGBl. I S. 2022), das zuletzt durch Artikel 3 des Gesetzes vom 23. Dezember 2014 (BGBl. I S. 2439) geändert worden ist. Online im Internet: http://www.gesetze-im-internet.de/bundes-recht/asylblg/gesamt.pdf vom 03.05.2015.

AufenthG - Aufenthaltsgesetz:

Ausfertigungsdatum: 30.07.2004 in der Fassung der Be-kanntmachung vom 25. Februar 2008 (BGBl. I S. 162), das zuletzt durch Artikel 1 des Gesetzes vom 23. Dezem-ber 2014 (BGBl. I S. 2439) geändert worden ist. Online im Internet: http://www.gesetze-im-internet.de/aufenthg_2004/BJNR195010004.html vom 26.06.2015.

BAMF- Bundesamt für Migration und Flüchtlinge (Hrsg.) (2014): Das deutsche Asylverfahren – ausführlich erklärt. Zuständigkeiten, Verfahren, Statistiken, Rechtsfolgen. Online im Internet: http://www.sachsen.de/assets/Das_deutsche_Asylverfah-ren_ausfuehrlich_erklaert_Broschuere_BAMF %281%29.pdf vom 05.07.2015.

BAMF - Bundesamt für Migration und Flüchtlinge (Hrsg.) (2015): Aktuelle Zahlen zu Asyl. Tabellen, Diagramme, Erläuterungen. Online im Internet:

http://www.bamf.de/SharedDocs/Anlagen/DE/Downloads/ Infothek/Statistik/Asyl/statistik-anlage-teil-4-aktuelle-zah- len-zu-asyl.pdf?__blob=publicationFile vom 24.06.2015.

BVFG – Bundesvertriebenengesetz:

Ausfertigungsdatum: 19.05.1953 in der Fassung der Be- kanntmachung vom vom 10. August 2007 (BGBl. I S. 1902), das zuletzt durch Artikel 1 des Gesetzes vom 6. September 2013 (BGBl. I S. 3554) geändert worden ist. Online im Internet: http://www.gesetze-im- internet.de/bvfg/BJNR002010953.html vom 24.07.2015.

Caritasverband für die Stadt Köln e.V. (Hrsg.) (2014): Ratgeber für das Ehrenamt. Flüchtlinge in Köln. Tipps und Informationen für ehrenamtliche Helferinnen und Hel- fer. Online im Internet: http://www.ehrenamt-caritasnet.- de/fileadmin/inhalte/download/caritas_ratgeber_ehren- amt_fluechtlinge.pdf vom 25.07.2015.

DBSH – Deutscher Berufsverband für Soziale Arbeit e.V. (2015): Definition der Sozialen Arbeit – Neufassung an der Generalversammlung des IFSW Juli 2014Melbourne.

Online im Internet: http://www.dbsh.de/beruf/definition-der-sozialen-arbeit.html vom 12.05.2015.

Destatis – Statistisches Bundesamt (2014): Mikrozensus 2013: 16,5 Millionen Menschen mit Migrationshintergrund. Pressemitteilung Nr. 402. Online im Internet: https://www.destatis.de/DE/PresseService/Presse/Pressemitteilungen/2014/11/PD14_402_122.html;jsessionid=D98CBB6E75BED8C10652B72CF1D9D293.cae3 vom 06.07.2015.

Deutscher Anwaltverein/ AWO- Arbeiterwohlfahrt Bundesverband e.V./ Diakonie Deutschland – Evangelischer Bundesverband/ Evangelisches Werk für für Diakonie und Entwicklung e.V./ PRO ASYL/ der Paritätische Wohlfahrtsverband – Gesamtverband e.V./ Neue Richtervereinigung e.V. & Jesuiten-Flüchtlingsdienst Deutschland (Hrsg.) (2013): Memorandum Flüchtlingsaufnahme in der Europäischen Union: Für ein gerechtes und solidarisches System der Verantwortlichkeit. Online im Internet: http://www.proasyl.de/fileadmin/proasyl/fm_redakteure/STARTSEITE/Memorandum_Dublin_deutsch.pdf vom 14.07.2015.

Dresden stellt sich Quer (2015): For a better life together! Solidarity with Refugees! - Dresden. Online im Internet haben die 'Semper Camper' ihre Forderungen veröffent- licht: http://demonstrare.de/termine/kalender/28-02- for-a-better-life-together-solidarity-with-refugees-dresden vom 30.04.2015.

EU – Amtsblatt der Europäischen Gemeinschaften (2000): Charta der Grundgrechte der Europäischen Uni- on / C364. Online im Internet: http://www.europarl.euro- pa.eu/charter/pdf/text_de.pdf vom 29.06.2015.

GGUA – Gemeinnützige Gesellschaft zur Unterstützung Asylsuchender e.V. (2014): Arbeitsmarktzugang für Flüchtlinge mit Duldung und Aufenthaltsgestattung: Er- leichterungen gelten seit November 2014. Online im In- ternet: http://ggua.de/fileadmin/down- loads/tabellen_und_uebersichten/arbeitsmarktzu- gang20142.pdf vom 16.07.2015.

Grundgesetz:

Ausfertigungsdatum: 23.05.1949 für die Bundesrepublik Deutschland in der im Bundesgesetzblatt Teil III, Gliederungsnummer 100-1, veröffentlichten bereinigten Fassung, das zuletzt durch Artikel 1 des Gesetzes vom 23. Dezember 2014 (BGBl. I S. 2438) geändert worden ist. Online im Internet: http://www.gesetze-im-internet.de/gg/BJNR000010949.html vom 01.05.2015.

ibs – Info- und Bildungsstelle gegen Rechtsextremismus im NS-Dokumentationszentrum der Stadt Köln (2015): Mobile Beratung gegen Rechtsextremismus im Regierungsbezirk Köln. Online im Internet: http://www.mbr-koeln.de/2015/01/02/koegida-koeln-gegen-die-islamisierung-des-abendlandes/#more-3945 vom 03.07.2015.

Kölner Stadtanzeiger (2015): Flüchtlingsrat und Caritas fordern menschenwürdige Unterbringung. Online im Internet: http://www.ksta.de/nrw/sammelunterkuenfte-fuer-fluechtlinge-fluechtlingsrat-und-caritas-fordern-men-schenwuerdige-unterbringung,27916718,31218568.html vom 25.07.2015.

Kressler; Markus (2015): Wings University – World Class Education For Refugees. Online im Internet: http://wings.university/ vom 09.05.2015.

Manns, Norbert & Hecht, Heiko (2005): Nationaler Kontaktpunkt Deutschland im Europäischen Migrationsnetzwerk. Kleinfeldstudie. Aufnahmesysteme, ihre Kapazitäten und die soziale Situation von Asylantragsstellern im deutschen Aufnahmesystem. Im Auftrag des BAMF - Bundesamt für Migration und Flüchtlinge (Hrsg.). Online im Internet: http://www.bamf.de/SharedDocs/Anlagen/DE/Publikationen/EMN/Nationale-Studien-ohne-WP/emn-small-scale-1-reception-germany-de.pdf?__blob=publicationFile vom 15.07.2015.

ProAsyl (2014): Zahlen und Fakten 2014. Online im Internet: http://www.proasyl.de/de/themen/zahlen-und-fakten/ vom 25.07.2015.

Reuters, Thomson (2015): Bundestag beschließt neues Bleiberecht für Ausländer. 03.Juli 2015, 07:14 Uhr. Online im Internet: http://de.reuters.com/article/domesticNews/idDEKCN0PD0DQ20150703 vom 03.07.2015.

SWR (2015): Chronik der Übergriffe auf Migranten und

Flüchtlingen sowie deren Unterkünfte im Zeitraum vom 20.20.2014 – 20.01.2015. Online im Internet: http://www.swr.de/report/pegida-demos/chronik-der-uebergriffe-auf-migranten-und-fluechtlinge-sowie-deren_unterkuenfte/-/id=233454/mpdid=14966976/nid=233454/did=14756452/117pe08/index.html vom 03.07.2015.

UNPD – United Nations Population Division, Department of Economic and Social Affairs (2012): World Population Prospects: The 2012 Revision. Online im Internet: http://esa.un.org/wpp/Excel-Data/migration.htm vom 20.05.2015.

UNHCR (1967): Abkommen über die Rechtsstellung der Flüchtlinge vom 28.Juli 1951 und Protokoll über die Rechtsstellung der Flüchtlinge vom 31. Januar 1967. Online im Internet: http://www.unhcr.de/fileadmin/user_upload/dokumente/03_profil_begriffe/genfer_fluechtlingskonvention/Genfer_Fluechtlingskonvention_und_New_Yorker_Protokoll.pdf vom 30.04.2015.

UNHCR (2015): Mittelmeer: Rekordzahlen an Flüchtlingen und MigrantInnen. Online im Internet: http://www.unhcr.de/home/artikel/435da63ac57f3eaee63d95d2e4f7e-b9b/mittelmeer-rekordzahl-von-fluechtlingen-und-migran-ten.html vom 12.07.215.

Vereinte Nationen (1948): Die Allgemeine Erklärung der Menschenrechte. Dritte Tagung. Generalversammlung. Online im Internet: http://www.un.org/depts/german/men-schenrechte/aemr.pdf vom 30.04.2015.

Wendel, Kay (2014): Unterbringung von Flüchtlingen in Deutschland. Regelungen und Praxis der Bundesländer im Vergleich. Im Auftrag von ProAsyl. Online im Internet: http://www.proasyl.de/fileadmin/fm-dam/NEWS/2014/Laendervergleich_Unterbringung_2014-09-23_02.pdf vom 22.07.2015.

Yalla-Connect (2015): The refugee is a human. „Also in Eisenberg". Online im Internet: http://yalla-connect.de vom 25.07.2015.